마음콘서트

국립중앙도서관 출판예정도서목록(CIP)

마음콘서트 / 박종팔 지음. -- 서울 : 마인드북스, 2016
    p. ;   cm

ISBN 978-89-97508-23-5 03190 : ₩12000

대인 관계[對人關係]

189.2-KDC6
158.2-DDC23   CIP2016004269

마음콘서트

1판 1쇄 인쇄 2016년 2월 24일
1판 1쇄 발행 2016년 2월 29일

지은이• 박종팔 | 펴낸이• 정영석 | 펴낸곳• **마인드북스**
주   소• 서울시 관악구 국회단지15길 10, 102호
전   화• 02-6414-5995   팩   스• 02-6280-9390
출판등록• 2009년 3월 5일 제2015-000032호
이메일• mindbooks@nate.com
홈페이지• http://www.mindbooks.co.kr

ISBN 978-89-97508-23-5 03190

박종팔 지음

마인드북스

요즘 우리는 외모지상주의에 얽매여 빛나는 외모를 가지려고 혈안이다. 성형외과나 헬스 클럽이 성행하는 것이 이를 잘 뒷받침해 준다. 일상에서 외모의 평가에 따라 대접이 달라지는 불합리가 종종 발생한다. 따라서 사람들이 외모를 가꾸는 것에 집착하는 것은 우리 사회의 불합리가 빚은 불편한 현실이라고 할 수 있다. 하지만 진정한 외모의 아름다움은 인간의 깊은 마음속에 있다는 것을 잊고 있는 것도 또한 현실이다.

이 책은 타인과의 관계를 원만하게 하는 데 도움을 주고자 쓰게 되었다. 상대와 나의 마음을 알 수 있다면 현재보다 더욱 행복하게 살 수 있다. 책을 통해 가족과 친구와 애인의 마음을 이해하고 사회에서 만나는 여러 타인들의 마음을 헤아릴 수 있을 것이다. 물론 나 자신의 마음도 좀 더 깊게 들여다볼 수 있을 것이다. 타인과 원만한 관계와 소통을 위해 나를 먼저 알고 사랑하는 자세가 필요하다.

사람들은 대부분 상대가 자신의 마음을 먼저 헤아려 자신의 욕구를 채워 주기 바라지만, 그런 상대는 그리 많지 않다. 아니 거의 없다. 마찬가지로 상대도 자신의 마음을 먼저 알고 자신의 욕구를 채워 주기를 바란다. 결국, 갈등은 서로 자신의 마음을 알아달라고 아우성치는 과정에서 비롯된다.

상대가 나를 미워하고 비수를 꽂는 말을 하는 것은 상대의 마음이지만, 그것에 내가 어떻게 반응하는가는 내 마음이다. 우리는 자신에게 반응에 대한 선택권이 있다는 것을 잊은 채로 상대를 대하곤 한다. 자신을 향한 상대방의 미움을 미움으로써 대응한다면 갈등이 커져서 곧 서로의 상처가 된다.

이러한 갈등은 상대의 탓도 있겠지만 내 안에서 키우고 있는 상대를 향한 미움의 탓이 더 크다. 그 미움에서 비롯된 자기방어는 결국 상대에 대한 미움으로부터 벗어날 수 없게 한다. 또 상대에 대한 미움은 자신에게도 상처를 입힌다. 이러한 상처가 많이 쌓이면 자신은 중심을 잃은 영혼 없는 삶을 살게 될 수 있다.

이와 같이 상대와 나의 마음을 알지 못하여 받은 상처는 다양하다. 부모는 부모의 말에 순종하던 어린 자녀가 커서 반항할 때 당황스럽고, 자녀가 학교 가기를 싫어하고 성적이 떨어지니

실망스럽다. 또한 학교에서 발생하는 자녀의 문제는 부모의 마음을 무겁게 한다. 자녀도 부모님과 선생님, 그리고 친구들 눈치를 보느라 고단하긴 마찬가지다. 또한 많은 젊은이들은 취업난과 결혼 문제, 부부 갈등 등으로 삶이 고달프다. 갈 곳 없는 노인들은 자신을 살펴줄 이 하나없는 가난하고 비참한 생의 끝자락을 한탄한다. 생활이 안정된 직장인조차 인간관계의 어려움과 불확실한 퇴직 시기 때문에 불안해하곤 한다.

책은 상대와 자신의 마음을 알고 관계 개선을 실천하는 데 실질적인 도움이 되고 대인관계에서 발생한 갈등과 상처를 치유해 줄 것이다. 이제 영혼 있는 삶을 살고 싶어 하는 독자 여러분과 함께 공유하고자 이 책을 세상에 내놓는다.

이 책이 나오기까지 기도해 준 아내(향숙), 제목을 같이 고민해 준 딸(지은), 아들(춘길, 춘근), 그리고 출판에 심혈을 기울여 준 마인드북스 정영석 대표님과 관계자 여러분에게 감사드린다.

용인 송담대학교 연구실에서
박종팔

차
례

I. 내 깊은 생각 속엔 잠재력이 있다

Ⅱ. 내 눈이 본 마음은 빙산의 일각이다

Ⅲ. 인간의 마음은 생각보다 깊다

IV. 때론 상대의 그림자까지도 봐야 한다

" 내 깊은 생각 속엔
잠재력이 있다 **"**

자신
열정을 따라가라

　　어느 특목고 1학년 학생을 상담한 적이 있다. 상담을 시작하기 전에 학생과 단둘이 있는 상태에서 학생에게 이런 질문을 했다.

　　"학교를 그만 다니려고?"
　　"네."
　　"그럼 무엇을 하려고?"
　　"검정고시를 보려고 합니다."

　　학생은 조금도 망설임이 없이 자신의 의사를 분명하게 말했다. 당당한 모습이었다. 과거, 자신의 진로를 설정하면서 사회적 시선과 분위기에 휘둘려 눈치를 보던 시절의 학생들과 대비되는 당당한 모습이었다. 나는 요즘 학생들의 이런 당찬 모습이 부럽다고 생각했다.

잠시 후에 밖에서 대기하던 부모님이 상담실로 들어왔다.

부모님에게 여쭤 봤다.

"학생이 검정고시를 본다고 하는데 찬성하시나요?"

전혀 아니라고 했다. 그것은 말도 안 되고 무조건 학교에 다녀야 한다고 했다. 이에 대해 학생은 전혀 반론하지 않고 아버지의 말을 가만히 듣고만 있었다. 부모의 말에 불만은 있지만, 마음속으로 꾹꾹 누르고 있었다. 하지만 쌓이게 되면 언젠가는 불같이 폭발할 수도 있는 시한폭탄과도 같은 것이 불만이다.

학생은 왜 이렇게 갑자기 달라졌을까. 의아한 생각이 들었다. 아마도 집에서는 부모의 권위에 눌려서 자신의 의사를 제대로 표현하지 못하는 것 같아 왠지 씁쓸했다. 자녀는 자신의 의사를 자유롭게 표현할 수 있어야 한다. 자녀가 성장하도록 도와주는 것이 부모이지 말을 못하도록 통제하는 것은 진정한 부모가 아니다.

학생은 부모의 억압적인 언어와 행동에 눌려 눈치를 보면서 자란 듯했다. 자녀의 사회화는 가정을 통해서 이뤄진다. 자녀가 부모로부터 억압받으며 자란다면 사회화가 제대로 되지 않아 인간관계가 원만하지 못할 것이다. 가정에서 학생의 처지를 생각하니 더욱 씁쓸해졌다.

"나는 내 삶의 주인공인가?"

여러분은 자신에게 이런 질문을 해 본 적이 있는가.

"아니오."라고 말하는 사람들도 많을 것 같다. 나도 이런 질문을 받으면 많은 고민을 할 것 같다. 물론 "나는 내 삶의 주인공이다."라고 소신있게 대답하는 사람도 있겠지만 말이다.

프랑스의 철학자이자 정신분석학자인 라캉(Jacques Laban)은 "인간은 타인의 욕망을 욕망한다."라고 하였다. 나는 자신의 욕망이 아닌 타인의 욕망을 쫓아 살아가는 경우를 많이 봐 왔기에 이 말에 많은 공감을 한다.

우리의 자녀들은 부모가 원하는 방식대로 살아가는 경우가 많다. 부모로부터 사랑받고 싶은 욕망은 무의식적이고 무조건적으로 부모의 뜻을 따르게 한다. 심지어 꿈조차 자신이 원하는 대로 설정하는 것이 아니라 부모가 원하는 대로 결정하기도 한다. 이것은 우리 사회의 심각한 문제다. 나도 늦었지만 지금은 반성하고 있다.

이런 문제는 가정에서만 일어나는 것이 아니다. 다 큰 어른들도 사회에서 마찬가지의 문제에 직면하곤 한다. 가정과 사회어느 쪽이 더 눈치 보는 상황이 많을까. 언뜻 생각하면 가정 속에서 어린 자녀들이 부모의 눈치를 많이 볼 것 같지만, 실제로는 사회에 진출한 성인들이 더 그러한 경우가 많다. 대부분 자녀는 나중에 혼날망정 자신이 원하는 방식대로 말과 행동을 하는 경우가 많다. 반면에 어른들은 자신이 원하는 방식이 있음에도 이 사람 저 사람 눈치를 보다가 어쩔 수 없이 다른 사람이 원하는 방식으로 따르는 경우가 많다. 이것을 근사한 말로 포장하여 '배려'라고 한다.

어쩔 수 없이 선택한 것은 '배려'가 아니다. 기쁜 마음으로 선택하는 것이 '배려'다. 삶은 내가 원하는 방식대로만 살아갈 순 없지만 기쁜 마음으로 하지 않는 '배려'는 반드시 경계해야 한다.

누군가의 마음을 알고자 한다면 내가 원하는 방식으로 최선을 다해야 한다. 그렇지 않고 상대의 마음을 아는 데 급급하여 자신의 방식을 포기한다면 머지않아 상대는 내가 가지고 있는 모든 주권을 빼앗으려고 할 것이다. 그뿐인가. 설사 상대의 마음을 알고 있다 해도 어느 순간 관계에 대해 스스로 불편해져 상대를 멀리할 가능성이 있다. 만날 때마다 상대의 방식대로 끌려가야 하니까. 아니 상대가 내 중심을 흔들어서 불편하니까.

정말로 내가 상대를 사랑해서 반드시 마음을 알고 싶다면 내가 원하는 방식을 상대에게 분명히 말해 주어야 한다. 인간의 본성은 반드시 '자신의 희생'을 기억하고 그 희생에 대한 보상을 원하기 때문이다. 또한 아무런 보상 없이 누군가를 위해 배려하거나 희생하는 것도 쉽게 허락하지 않는다. 물론 부모의 사랑은 예외라고 말하기도 하지만 꼭 그렇지만은 않은 것 같다. 부모의 사랑은 전혀 보상을 바라지 않는다고 하기보다는 다른 사랑과 구별된다고 말할 수 있을 뿐이 아닐까.

상대가 원하는 대로 끌려가며 사는 사람과 그렇지 않은 사람의 삶은 분명한 차이가 있다. 상대가 원하는 방식대로 끌려다니는 사람은 자신의 자유를 빼앗긴 것이다. 그 사람은 잃어버린 자유를 찾기 위해 상대와 갈등을 유발할 수 있다. 사람은 자유가 있을 때 가장 행복하기 때문일 것이다. 반대로 자신이 원하는 대로 살아가는 사람은 자유가 있어 행복하다.

우리가 모두 아는 빌 게이츠는 하버드라는 명문 대학에서 어떻게 중퇴를 할 수 있었을까. 부모가 원하는 대로 이끌려서 살았더라면 중퇴는 불가능했을 것이다. 추측하건대, 명문 대학을 중퇴하는 과정에서 빌 게이츠는 부모와 많은 갈등을 빚었을 것이다. 그러나 자신만의 길에 대한 소신이 있었기에 지금의 세계적인 부자로 명성을 갖게 된 것이다.

물론 인간은 자신이 생각했던 방식대로만 실제의 삶을 살아가지는 못한다. 내가 생각한 삶과 실제의 삶이 다른 경우가 많다. 이는 변화무쌍한 사회에서 어쩌면 당연하게 받아들일지도 모르지만 현대인의 삶이 힘든 것 또한 사실이다. 쉽지 않겠지만, 누구든지 자신이 생각하는 방식대로 실제의 삶을 살아갈 수 있도록 노력해야 한다.

특히, 부모는 자녀가 원하는 방식대로 살아갈 수 있도록 해줘야 한다. 그렇다고 자녀를 내버려두라는 이야기는 아니다. 부모는 자녀가 어떤 생각을 하는지에 대해 관심을 두고 대화를 나누면서 자녀의 생각을 중심으로 큰 틀에서 자녀가 나아갈 방향을 제시해야 한다. 그러면 자녀는 자신이 좋아하고 잘하고 열정을 품을 수 있는 일을 할 수 있고, 그때 성공도 할 수 있다. 이것이 부모가 진정으로 바라는 것이 아닐까.

대부분의 부모는 부모의 방식대로 하려 하고 이에 따르지 않는 자녀는 부모의 의도와는 다르게 간섭이라 생각하기 때문에 갈등이 생긴다. 부모님들은 이 점을 잘 이해하여야 한다.

여러분은 자녀의 열정을 키워주고 있는가,
자신의 열망대로 자녀를 간섭하고 있는가?

바닥
생각보다 낮지 않다

　　지금 어느 아파트 1층에서 외줄을 잡고 대롱대롱 매달린 사람이 있다. 여기서 탈출하려면 줄을 타고 올라가야 하는데 도저히 그럴 힘이 없다. 올라가기는커녕 이대로 버틸 힘도 더는 없는 상태다. 아래는 흙으로 된 바닥이다. 이 줄을 놓으면 바닥에 떨어져 온몸이 산산이 부서질 것 같다. 무섭다. 시간이 갈수록 힘은 점점 빠져 가는데 여기서 탈출할 방법은 도무지 생각나지 않는다.

　　여러분은 이런 상황이라면 어떻게 하겠는가.
　　물론 여러분은 진짜 1층 아파트에서 대롱대롱 매달릴 일이 없겠지만, 일생을 살다 보면 종종 외줄을 타는 듯한 상황에 처하게 된다. 비상구도, 출구도 보이지 않는 진퇴양난의 위기. 어떤 목표를 이루기는 너무나도 벅차지만, 그렇다고 포기하기는 아쉽고 또 괴롭다. 여러분은 어떻게 하겠는가.

나는 이렇게 하겠다. 줄을 과감하게 놓는다. 목표를 포기하고 여유를 갖는다. 다음에 다시 줄을 잡는다. 그러면 분명 나는 바닥으로 떨어질 것이다. 크게 다치거나 죽지 않겠느냐고. 그렇지 않다. 두려움과 공포감 때문에 바닥이 낮게 느껴질 뿐, 생각보다 낮지 않다. 아파트에서는 아닐 수 있지만, 인생에서는 항상 그렇다. 우리는 겨우 3m 정도 위에서 죽을 줄 알고 대롱대롱 매달려 있다. 자주 일어나는 일이다.

문제의 핵심은 바닥이 보이지 않는다는 것이다. 바닥이 낮은 것이 두려운 것이 아니라, 보이지 않는 바닥이 두려운 것이다. 정말로 포기하고 줄을 놓아 보라. 생각보다 많이 다치지 않는다. 삶에서 온몸이 산산이 부서질 만큼 낮은 바닥이란 그리 많지 않다. 정신만 똑바로 차리고 착지한다면.

줄을 놓은 후 발이 땅에 닿으면, '어, 생각보다 낮지 않네!' 하는 생각이 아마도 들 것이다. 괴롭고 힘든 때는 잠시 쉬어라. 다시 밧줄을 잡고 올라갈 수 있을 만큼 기운을 차릴 때까지. 아니 가능하다면 좀 더 쉽고 빠르게 올라갈 수 있도록 어둠 속에서 연습도 하라. 충분히 올라갈 힘을 모았다고 생각하거든 그때 다시 밧줄을 잡고 오르기 시작하라. 그러면 중간에 대롱대롱 매달리는 불상사 없이 올라갈 수 있을 것이다.

　내가 공무원 시험공부를 할 때다. 첫해 맛보기로 응시했던 검찰 사무직 시험에서 예상대로 낙방하고 나서, 본격적으로 공부를 시작하기로 다짐하며 시골의 허름한 초가집을 찾았다. 그때 가정 형편은 넉넉하지 못했다. 그래서 마음 각오를 단단히 하고 스스로 돈을 벌어서 공부해야 하기에 과외 아르바이트를 했다. 그 뒤 공부를 다시 하기 위해 집 근처의 독서실을 찾았다. 그때 깜짝 놀랐다. 몇 년 넘게 공부를 한 사람들이 부지기수였기 때문이다. 그들 대부분이 대학을 졸업하고 시험도 아슬아슬하게 떨어졌는데, 일이 꼬이다 보니 시험공부가 생활이 되어 몇 년이 후딱 넘어 버린 것이었다. 그때 만난 사람들의 문제는, 방금 얘기한 아파트의 딜레마였다. 타성에 젖은 시험공부 방법과 연이은 실패로 합격의 자신감을 완전히 상실했으면서도, 막상 두렵고 또 아까워서 시험공부를 포기하지도 못하고 있었다. 더 안타까운 것은 특별히 '무언가'가 없는 한, 가까운 시일 내에 합격할 가능성이 커 보이지 않았다는 점이다.

　다행스럽게도, 그 사람들은 비교적 젊은 수험생이었던 우리와 함께 공부를 다시 하면서 그 '무언가'를 찾은 것 같았다. 어떤 사람은 나이가 같은 후배와 함께 시험공부를 하게 됐다는 현실을 보고 시험공부를 포기했다. 지금까지 인생을 얼마나 허비해 왔는지 이제야 깨달았다고 했다. 당시 나이가 많아 취업이 어려위 사업을 시작했는데, 지금은 제법 성공했다고 들었다. 또 다른 사람은 우리의 새로운 교재와 공부 방법에 자극을 받아 몇 년간 정리해 오던 노트와 교재를 전부 불태웠다. 그러고는 심기일전해 새 교재와 공부 방법으로 처음부터 다시 시작한 끝에 합격의 영광을 누렸다. 검찰 고위직으로 근무하다가 현재는 퇴직을 했다. 밧줄을 놓고 나서야 어느 쪽으로든 답을 찾을 수 있었던 것이다.

하지만 나는 포기하지 못했다. 군 입대 후에도 수시로 공무원 시험 준비를 했다. 야간에는 화장실에서도 공부를 했다. 나는 밧줄을 놓지 못했다. 1980년 중반 만기 전역하고 그해 10월 중순에 세 번째 도전을 하여 시험에 합격했다. 시험에 합격하기 전에 많은 주변인들은 시험을 포기하라고 얘기했다. 그 이유는 검찰 사무직 시험은 대부분 법대생들이 응시했기에 당시 학력이 고졸인 내가 시험에 합격할 가능성은 희박하다는 것이었다. 독학으로 법률 공부를 한다는 점 역시 무모해 보였을 것이다. 그뿐인가. 장기간 공부할 수 있는 가정 형편도 못 되었다. 나름대로 일리가 있는 말이었다. 주변인들의 만류는 나를 정말 집요하게 괴롭혔다. 지속하는 것이 포기하는 것보다 어렵다는 것을 그때 절감했다. 어쩌면 포기하는 것보다도 더 큰 용기를 가지고, 겨우 밧줄을 놓지 않았다. 다행히 기존의 시험공부 방법을 모두 버리고 새로운 방법으로 다시 시작한 결과 합격의 영광을 얻을 수 있었다. 그 후 12년 6개월 동안 공무원으로 근무하고 퇴직했다. 나는 비로소 밧줄을 놓은 것이다.

함께 공부하던 친구들을 만나면 나는 농담처럼 이야기한다. 그때 퇴직하지 않았더라면 지금도 공무원 생활을 하고 있을지 모른다고……

정말이다. 나는 전형적인 '우뇌형 인간'이다. 나는 꼼꼼하게 누군가를 다그쳐서 수사하는 것은 전혀 적성에 맞지 않는 사람이다. 그런데 공무원을 할 때는 그걸 잘 몰랐다. 교수가 되고 나서 사회복지와 상담 일들을 하면서야 비로소 내가 검찰 공무원 체질이 아니라는 것을 알게 됐다. 어떤 이유를 불문하고 지금도 내 인생에서 가장 잘한 결정은 공무원 시험을 포기하지 않은 것이다. 또한 공무원이라는 밧줄을 놓았던 것이라고 생각한다. 공무원을 때려치운 이후, 바닥은 두려워했던 것보다 낮지 않았다. 온몸이 부스러질 것이라고 예상했는데, 발목도 삐지 않았다. 몇 달 동안 삶의 여유를 가지면서 힘을 얻은 나는 무사히 석사 과정에 진학했고, 박사과정도 마칠 수 있었다.

이 글을 읽는 여러분에게 그것이 시험공부든 아니든 중요하지 않다고 말하고 싶다. 다만 하나의 깨달음을 얻을 수 있었으면 좋겠다. 일상에서 포기가 항상 비겁한 것만은 아니라는 것을, 불굴의 의지가 항상 통하는 것은 아니라는 것을.

나 자신의 개인적인 경험을 일반화하려는 것은 절대 아니다.

유명한 인터넷 만화가 강풀 씨는 이렇게 말한다. 처음에 만화를 내기 위해 만화잡지사의 문을 많이 두드렸지만 그때마다 거절당했다고 한다. 그 당시는 만화잡지가 아니면 만화를 발표할 매체가 없었기에 더욱 간절한 시대였다. 그는 연이은 거절에도 굴하지 않고 계속 노력한 결과 만화잡지는 아니지만 인터넷 홈페이지를 통해 처음 만화를 발표할 수 있었다. 그 이후 그가 얼마나 탁월한 능력을 보여 주었는지는 만화에 관심이 있는 사람이라면 다 알 정도가 되었다. 그가 만화잡지에 발표하기만을 끝까지 고집했더라면 성공하지 못했을 것이다.

여러분은 일상에서 추락을 지나치게 두려워하지 않았으면 한다. 바닥은 생각보다 낮지 않다. 특히 젊은 청춘은 더욱 그러하다. 어떤 추락의 상처도 추스르고 다시 일어날 수 있는 저력이 있다. 너무 무서워하지 마라. 추락하는 것에는 반드시 날개가 있게 마련이다. 자신에 대한 믿음의 날개를 펴고 자신 있게 줄을 놓아라. 그럼 놓아 둔 줄을 다시 잡을 기회가 올 것이다.

여러분은 밧줄을 과감하게 놓은 적이 있는가?

도전
나의 힘이다

우리는 국가가 있어야 살아갈 수 있다. 또 국가가 존재하기 위해서는 통치자의 사상이 있어야 한다. 중국의 춘추전국시대를 통일한 것은 법가(法家)사상이다. 법가사상은 국가의 통치에서 법과 제도를 강조한 것으로 한비자가 완성하였다. 중국을 통일한 진시황제가 국가의 통치 이념으로 선택한 사상이기도 하다. 한비자는 현실 정치를 중요시한 사람이다. 그가 전한 이야기 중에는 우리의 일상과 관련된 것이 있다.

송나라의 한 농부가 이른 봄에 밭을 갈려고 쟁기를 들고 밭으로 나갔는데 밭 한가운데 토끼 한 마리가 죽어 있는 것을 발견했다. 밭을 잽싸게 가로질러 달리던 토끼가 나무를 잘라낸 그루터기(수주, 守株) 하나를 보지 못해 나무 그루터기에 부딪혀 몸이 부러져 죽은 것이다. 토끼는 산이나 들판도 아닌 밭에 나무 그루터기가 있을 거라고 상상조차 못했을 것이다. 아무런 노력도 하지 않고 토끼 고기를 거저 얻게 되어 횡재한 농부는 기분이 좋았다. 그날부터 농부는 밭일도 하지 않고 나무 그루터기에 토끼가 부딪치기만 기다렸지만 한 마리의 토끼도 얻지 못했다. 억세게 운이 나쁜 토끼가 더는 없었다. 어리석은 농부는 마을 사람들의 비웃음거리가 되었다.

이 농부 이야기가 우리에게 주는 메시지는 무엇일까. 억세게 운이 좋아서 한 번 생긴 이득을 계속 기대하고 있는 인간의 욕심을 풍자한 것이다. 사람들은 의외로 농부와 같은 성향을 갖고 있다. 어쩌면 복권을 사는 것도 이런 심리일 것이다.

한 번 맺은 관계는 오늘도 내일도 지속할 것이라고 믿고 싶어 한다. 하지만 하루아침에 마음을 바꾸는 사람이 있어 예상치 못한 상처를 입는 경우가 있다. 아무리 굳게 맺은 인간관계라도 평소에 보살피지 않으면 어느새 관계가 엉성해질 수 있다. 아주 가끔이라도 일부러 시간을 내어 커피 한잔을 한다든지, 아니면 오직 그에게만 보내는 정성스러운 안부 문자를 보낸다면 좋은 관계가 지속되지 않을까 싶다.

한비자는 고대 성인들이 고집하는 유가의 어리석음을 비판했다. 그는 옛것이 무조건 좋은 것이 아니므로 시대에 맞는 통치법을 구사해야 한다고 말했다. 마찬가지로 사람도 자신에게 익숙한 것들만 고집하지 말고 낯선 것을 향해서도 용감하게 나아가야 한다. 이는 우리의 인간관계에 적용시켜 해석할 수 있다. 늘 편안함을 주는 사람들만 만나지 말고 낯설고 불편한 새로운 사람들도 만나야 한다. 나를 불편하게 하는 것들이 때로는 내 삶을 변화시킬 수 있는 원동력이 될 때도 있기 때문이다. '가능'과 '불가능'의 경계는 모호한 경우가 많다. 이때 불가능이 가능으로 되게 하는 것이 바로 도전이다. 특히 청춘들에게 이런 도전 의식을 강조하고 싶다. 대학교에서 학생들을 상담하다 보면 요즘 청춘들은 좀 나약한 것이 아닌가 하고 느낄 때가 많다.

도전이 두려워 익숙한 것만을 고집하는 사람들에게는 농부의 이야기가 좋은 사례가 될 수 있다. 어리석은 행동으로 주변 사람들에게 한마디씩 들어도 대꾸하지 못하는 내성적인 성격의 소유자라고 스스로 생각하는 사람은 농부의 이야기를 쉽게 공감할 수 있어야 한다. 이런 사고의 전환이 없으면 자신이 묶어 놓은 틀에서 벗어나기 어려워 인간관계가 힘들어진다. 낯설고 불편하더라도 때로는 용기를 내어 자신의 영역 밖으로 나가 다른 사람들과 소통할 때 인간관계는 확장될 것이다.

여러분은 새로운 도전을 하고 있는가?

화
내게 다시 돌아온다

　우리는 일상에서 화나는 일이 많다. 여러분은 화에 대해서 어떻게 생각하는가. 세계평화단체 'The Global Coalition for Peace'는 2009년 칸 광고상을 수상하며 '화'에 대해 이렇게 말하였다.

　인간관계를 하다 보면 방금까지 하하 호호 웃다가도 갑자기 명치끝에서부터 뜨거운 무엇인가 불쑥 튀어 오르는 경우가 이따금 있다. 물론 당신도 상대에게 싫은 소리로 화를 내기보다는 좋은 말로 대화해야 한다는 것도 잘 알고 있다. 하지만 사람이라면 도저히 참지 못할 때가 있다. 그래도 상대에게 짜증을 내가며 화를 내지 말아야 한다. 화는 결코 어떠한 일을 해결해 주지 못할 뿐만 아니라 그 화는 오히려 먼 길을 돌아 다시 당신에게 더 큰 화가 되어 되돌아올 것이니 말이다.

모두들 알고 있는 내용이지만, 이는 삶을 살아가는 데 매우 중요한 메시지이다. 화는 좋지 않은 감정을 상대에게 떠넘기는 행동력을 지니고 있다. 만약 여러분이 "역시 상대가 말을 듣지 않을 땐 화를 내야 한다."라는 생각을 가지고 있다면, 여러분은 항상 외줄을 타는 것처럼 불안한 인간관계를 맺을 수밖에 없다. 나는 지금까지 인간관계에 관련한 많은 서적을 읽고, 많은 사람을 만나며 많은 고민과 생각을 해 왔다. 그 생각의 끝에 '화'는 인간관계에 아무런 도움을 주지 못한다는 것을 알게 되었다. '분노', '짜증'도 마찬가지다.

여러분은 화가 날 때 어떻게 하는가. 화가 난 상태에서 "이 사람은 화내지 않으면 내 말을 알아듣지 못해!"라고 생각할 수도 있다. 하지만 나는 분명하게 말할 수 있다. 여러분이 화를 내면 상대는 여러분의 화를 진정시키기 위해 일단 알아듣는 척을 하지만 당신의 말을 알아들은 경우는 거의 없을 것이다.

여러분이 상대에게 화를 냈을 때 좋은 점이 딱 한 가지 있다. 평소 여러분 가슴에 쌓인 화를 상대에게 고스란히 떠넘길 수 있다는 것이다. 상대의 행동으로 발생한 감정의 찌꺼기들은 화를 냄으로써 해소할 수 있다. 그러나 이는 진정한 해소가 아닌 상대에게 잠시 떠넘기는 것일 뿐이다. 이렇게 상대에게 건너간 화는 반드시 여러분에게 안 좋은 결과로 다시 돌아온다.

여러분이 상대에게 화를 내고 짜증을 냄으로써 서로 진지한 대화를 나눌 수 있는 기회를 잃게 되며, 여러분이 상대에게 떠넘긴 화는 상대의 마음속에서 자라나 그 크기가 점차 커진다. 이렇게 상대의 마음속에 쌓인 악감정들은 전혀 예상하지 못한 순간에 표출될 것이며, 대부분의 경우 원만한 관계를 지속하는 것은 어려워진다. 물론 상대가 여러분에게 욕먹을 만한 행동을 했을 수도 있고, 정당한 이유로 화를 냈을 수도 있지만, 그 이유야 어찌 되었든 화는 반드시 여러분에게 되돌아오게 된다.

나는 어떠한 경우라도 화내지 않으려고 한다. "화내면 나만 손해다."라는 말을 굳게 믿기 때문이다. 그럼에도 가끔 언성이 높아지거나 상대를 비난하고 있다고 스스로 생각되면 나는 잠시 눈을 감고 마음속으로 생각한다. "분노는 반드시 되돌아온다." 그리고 다시 상대를 바라보며 이성적으로 대화를 나누기 위해 노력하고, 그조차도 잘 되지 않는다면 대화의 화제를 바꾸거나 최대한 정중한 태도로 장소를 옮길 것을 제안하여 분위기 전환을 한다.

가슴속에 있는 불덩이가 튀어나오려고 한다면, 화를 내야하는 이유를 찾기보다는 크게 숨을 들이마시며 마음속으로 음미하자. '분노는 반드시 되돌아온다'고. 입 밖으로 튀어나오려 했던 가시 돋친 말들을 삼켜라. 그리고 이성적이고 진지하게 대화를 나누기 위해 노력하자. 또 자신의 의사는 단호하게 표현해야한다. 남편이 술을 끊지 않는 부부 사이의 예를 들어보자. "당신자꾸 이러면 헤어질 거야!"라고 협박하기보다는, "당신이 술을 끊는다고 했잖아!"라는 식으로 상대의 잘못을 정확히 지적하는 것이다. 물론 이것도 바람직하진 않다. 하지만 "당신은 맨날 그래!" "당신 변명 듣기도 지겨워."라고 상대의 자존심에 상처를 주는 것보다는 직접적으로 상대의 문제점을 지적하는 편이 나을 것이다. 그리고 상대의 이야기는 끊지 말고 끝까지 경청해야 한다. 상대의 말에 대해 반박하거나 비난하지 말고 다시 한 번 여러분의 입장과 생각을 단호히 말하라. 스스로 기분을 풀어야지 자신의 감정을 누군가 어떻게 해 줄 수는 없다.

격앙된 감정을 알아차려야 한다. 자신의 감정이 격앙된 것을 인지하지 못한 상태에서 퍼부은 비난은 서로에게 상처가 된다. 또한 그렇게 하면 화가 가라앉는 게 아니라 더 커질 것이다. 화는 표현할수록 더 커지는 속성을 지니고 있기 때문이다. 그런 상황이라면 상대를 원망하지 말고 상대에게 잠시 떨어져 있는 것이 상책이다. 10분에서 15분 정도 스스로 안정을 취한 뒤 화를 가라앉히고 마음을 다스리는 게 좋다. 화는 절대로 여러분에게 이익을 가져다주지 않는다는 것을 기억하자.

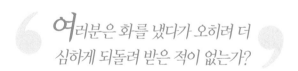

여러분은 화를 냈다가 오히려 더
심하게 되돌려 받은 적이 없는가?

작심삼일
연습으로 해결된다

누구나 새해가 되면 한 번쯤은 새로운 각오를 한다. 작년에 하지 못한 일을 꼭 이루겠다고. 이를 비웃듯이 인터넷에 떠도는 유머 한마디가 있다. 어느 초등학교 국어시험에 다음의 문제가 나왔다고 한다.

어떤 사람이 목표를 이루기 위해 결심한 마음이 3일도 가지 못하고 곧 느슨하게 풀어져 버리는 것을 무엇이라고 할까. 다음 □ 안에 들어갈 말을 쓰세요. 작□삼□.

여러분이 초등학생이라면 어떻게 적었을까. 정답은 당연 작심삼일(作心三日)이다. 그런데 어떤 학생이 이렇게 적었다고 한다. 작(은)삼(촌).

집에 '작은삼촌'이 있는 학생은 "맞아, 맞아!" 하며 박장대소를 했다고 한다. 어쩌면 어린 초등학생들이 이렇게 영리할까.

물론 작심삼일은 작은삼촌들만의 문제는 아니다. 나도 마찬가지다. 동서고금을 막론하고 남녀노소 모든 사람들이 마음속에 단단히 품었던 어떤 목표가 사흘을 가지 못하고 마는 경우가 대부분이다. 심지어 성공한 사람들도 스스로 한 각오를 지키는 것은 매우 어렵다고 말한다. 매일같이 계획만 세우고 작심삼일이란 말에 뜨끔하는 누군가가 어쩌면 나 자신이지는 않은가?

여러분들도 역시 어떤 일을 결심했다가 며칠 지나서 이런저런 이유로 흐지부지된 경우가 있을 것이다. 아침마다 일찍 일어나서 헬스를 하겠다든지, 하루에 1시간씩 독서를 하겠다든지, 한 달에 한 번은 등산을 하겠다든지, 1년에 한 번은 해외여행을 다니겠다든지……

하지만 그 결심이 얼마나 갔던가. 물론 꾸준히 실천하는 사람도 있을 수 있다. 가장 최근에 결심했던 일이 무엇인지 한 번쯤 생각해 보라. 이번에 처음 한 것인가. 아마도 과거 언젠가 한 결심의 반복이 대부분일 것이다.

이처럼 결심한 것을 실천하기가 어려운 이유는 자신의 '습관'을 바꾸려는 결심이기 때문이다. 습관을 바꾸기는 어렵다. 지금처럼 해 오던 습관이 편하기에 그러하다. 한 번 생각해 보자. 오른손잡이가 갑자기 왼손잡이로 생활하려면 어려운 것과도 같다.

그래서 대부분의 사람들이 변화를 힘들어하고 싫어하는 것이다.

　일본의 이시우라 쇼이치라는 교수는 습관에 대해 이렇게 말했다. "습관을 바꾸는 것은 뇌 구조가 변해야 가능하고, 그러기 위해서는 최소한 한 달의 반복이 필요하다." 작심삼일이 되지 않기 위해서는 '작심삼십일'은 되어야 습관을 바꿀 수 있다고 한 것이다.

　나는 30일로도 턱없이 부족하다고 생각한다. 나는 3년 넘게 1주일에 한 번씩 꼬박 다니던 등산을 하루아침에 못 가게 된 적이 있다. 지금은 다시 1년째 등산 중인데, 그렇게 되기까지는 정말로 1000번도 넘게 좌절하며 작심삼일을 경험했다. 실은 이번 등산도 건강이 허락하는 한 하겠지만 언제까지 갈 수 있을지 자신하지 못한다.

　학교에 있다 보니 학생들에게서도 작심삼일의 모습을 자주 본다. 학기 초에는 그렇게 붐비던 도서관에 시간이 갈수록 빈자리가 많아지는 것을 볼 수 있다. 그뿐인가. 월 초마다 절대로 결석하지 않겠다고 그렇게 다짐하던 학생들은 학기가 지날수록 온갖 창의적인 핑계들을 대가며 자리를 비운다. "내년부터는 달라질 거야!"라는 작심삼일을 반복하다 보면 어느새 20대는 저물고 30대에 진입한다.

　심지어는 1학년을 마치고 군입대하여 2년 넘게 일찍 자고 일찍 일어나는 습관을 들였던 학생들도 제대하자마자 바로 다시 '올빼미 모드'로 돌아가는 모습을 자주 본다. 나도 그랬다. 얼마 전에 제대한 나의 아들도 그랬다. 거의 모든 학생들이 마찬가지일 것이다. 2년을 보내고도 원래 습관을 바꾸기란 그렇게 힘든 것이다. 어릴 때 버릇을 잘 들여야 한다는 표현도 있다. 여러분이 다 알고 있는 '세 살 버릇 여든 간다.'는 속담도 있지 않은가. 한 번 버릇이 들면 평생 바꾸지 못한다는 말이다.

사람은 흔히 어떤 목표를 이루기 위해 먼저 작심(作心), 즉 마음을 먹는다. 삶을 사는 방식이 '결심'에 의해 어떤 일이 성취된다고 생각하는 경향이 있어서다. '이렇게 살아야겠다'고 결심하면 실천은 당연히 따라온다는 식이다. 그 실천이 좌절되면 자신의 의지가 약했다고 스스로를 비난하며 원망한다. 그리고 힘들어하고 괴로워한다.

삶의 방식은 결심에 의해 이루어지는 것이 아니라 연습에 의해 이루어진다. 축구를 잘하는 법에 대한 책을 달달 외우고, "내일부터 축구를 잘할 테다!"라고 결심한다고 해서 박지성 선수처럼 될 수 있을까. 물론 천만에 만만에 말이다. 축구를 잘하려면 피나는 연습을 해야 한다. 매일 연습을 하면서 조금씩 자기 자신을 바꾸어 나가야 한다. 중간에 갑자기 일이 생겨서 하루나 이틀을 거르더라도 새롭게 마음을 다잡고 다시 시작하는 마음으로 해 나가야 한다.

3일 연습하고 축구를 잘할 수 있는 사람은 없다. 작심삼일했다고 너무 실망할 일이 아니다. 작심삼일이 모이면 곧 실천의 지속이 된다. 중요한 것은 처음의 결심을 포기하지 않고 계속해 나가는 마음가짐이다. 공부, 연애, 다이어트, 운동 등 유혹을 이겨내야 하는 습관들은 하루아침의 결심으로 해결할 것이 아니라 지속적으로 관리해 나가야 한다.

내가 하사관학교로 입대하여 전북 여주에 있는 하사관학교에서 훈련받을 때의 일이다. 당시 6개월간 받아야 했던 하사관 훈련의 하이라이트는 마지막 200㎞ 행군이었다. 입소 첫날 훈련 계획에 대한 오리엔테이션을 받을 때 모두 경악했다. 200㎞라니! 그것도 30㎏에 이르는 완전군장을 짊어지고 4박 5일 동안 낮에는 강의를 듣고 밤에는 걸어야 한다는 것이다. 물론 고등학교 이상 졸업자 중에서 체력이 좋은 사람만 골라 훈련을 했다. 그래도 200㎞ 행군이라니!

과연 낙오하지 않고 행군을 해낼 수 있을지 훈련 기간 내내 모두들 걱정이 태산이었다. 그런데 놀라운 것은 전원이 무사히 마쳤다는 점이다. 지금 돌이켜 보면 그 비결은 정신력이나 군인정신 같은 거창한 것이 아니었다. 6개월의 훈련 기간 동안 조금씩 꾸준히 거리를 늘려 가며 행군을 매일같이 계속했기 때문이라고 생각한다. 훈련 과정을 보면, 처음에는 영내의 연병장에서 훈련을 했지만, 입소 후 한 달 동안 실시했던 사격 훈련의 교장(教場)은 약 5㎞, 그다음 달은 약 10㎞ 정도 떨어진 곳에서 훈련을 받았다. 4~5개월쯤 지나서는 하룻밤을 꼬박 걸어서 도착할 수 있는 유격훈련장에도 무리 없이 다녀올 정도가 되었다. 이렇게 차츰 걷는 거리를 늘려 간 끝에, 결국에 200㎞의 행군을 무사히 마친 것이다.

갑자기 군대 이야기를 한 것은 전달하려는 메시지를 분명하게 하기 위해서다. 만약, 처음부터 이를 악물고 정신력으로만 200㎞를 걸으라고 했다면 대부분의 사람들이 완주하지 못했거나 낙오했을 것이다. 실천할 수 있는 기간을 적절히 책정하고 지속적으로 연습해 나갔기에 처음에 불가능할 것 같던 행군도 수행할 수 있게 된 것이다. 연습은 불가능한 것도 가능하게 한다.

우리의 일상도 마찬가지다. 일시에 너무 많은 것을 결심하고 실천하려고 하면 안 된다. 결심하는 사항이 많으면 많을수록 중간에 포기할 가능성은 더 커진다. 새해 첫날 일출을 보며 한 해 여러 가지 결심하는 사람들이 있는데, 이런 경우는 단 하나도 성취하지 못할 가능성이 매우 크다. 어떤 일을 성취하기 위해서는 가장 중요하게 생각하는 한 가지만 정해 놓고 꾸준히 자신을 점검해 가며 실천해 가는 자세가 필요하다. 실천 과정에서 다소 태만해지더라도 자신을 다잡아 가면서 계속해 나가는 것이다. 결심을 잠시 지키지 못하거나 미루게 되더라도 포기하지 않으면 된다. 사소한 목표라도 지속적으로 실천하는 것은 당연히 힘들다. 그러나 중요한 것은 결코 포기하지 않는 것이다. 느린 것을 염려

할 것이 아니라 중간에 멈출 것을 걱정해야 한다.

내가 살고 있는 '오늘'이 무엇보다도 중요하지만 대부분의 사람들은 '내일'부터 실천하겠다고 한다. "오늘까지만 마음껏 먹고 내일부터 다이어트를 해야지."라고 다짐하는 구태의연한 반복은 그만해야 한다. '내일부터'라는 결심은 나약한 자신의 마음을 위로하기 위한 자기 위안일 뿐이다.

수많은 작심삼일은 나약한 오늘의 자신에 대한 합리화로 인해 존재한다. 연습은 수많은 '오늘'들이 모여서 만들어진 결과물이다. 내일이 없고, 연습이 존재하는 이유다. 따라서 어떤 일을 결심했다면, 내일부터가 아니라 지금 당장 조금이라도 해 보는 것이 가장 중요하다.

어떤 목표를 이루기 위해 연습해 본 적이 있는가?

마음
1그램인가, 1톤인가

대학원 과정을 공부하는 사람은 박사 논문을 써야 할지 말아야 할지 고민이 많다. 박사 논문을 쓰기가 그만큼 어렵기 때문이다. 특히 늦게 공부한 나로서는 더더욱 그랬다.

예전에 박사학위 논문을 준비하던 때의 이야기이다. 논문을 쓰기 위해서는 먼저 논문 제목을 정해야 하는데 나는 많은 고민을 하고 나름대로 적절한 논문 제목을 정해 논문지도 교수님을 찾아갔다. 교수님은 논문 제목이 마음에 들지 않는지 퇴짜를 놓았고 이후에도 계속해서 영문 모를 퇴짜를 당했다. 힘들어서 내가 꼭 이런 논문을 써야 하나 하면서 포기할까도 몇 번이나 생각했다. 내가 이렇게 실력이 없나 싶어 자존심이 상하기도 했다.

교수님은 논문 제목은 왜 그렇게 정했는지 분명한 이유가 있어야 하는데 그것이 없다고 하셨다. 나도 인정하지만 처음 써 보는 논문이라 제목에 대한 감이 오지 않았다. 논문을 빨리 써야겠다는 마음에서 즉흥적으로 제목을 정했다고 사실대로 말씀드렸다.

이 말에 교수님은 어이없다는 표정을 지으면서 이런 말씀을 해 주셨다. "그 논문 제목을 왜 정했는지 다시 한 번 깊이 생각해 봐." 아울러, 즉흥적으로 정한 논문 제목이 통과된다고 하더라도 실제 논문을 쓰기가 더 힘들 수 있다고 말씀하셨다.

교수님 말씀에 가슴이 뜨끔했다. 망치로 한 방 맞은 것 같았다. 교수님은 내가 스스로 논문을 쓸 수 있는 능력을 갖추기를 원하셨다. 이는 여러 날 동안 거듭 생각하는 계기가 되었다.

깊이 생각해 보라는 말씀은 무슨 의미일까. 장시간 동안 생각하라는 걸까. 장시간 동안 생각하면 좋은 생각이 떠오를 가능성도 있지만, 반드시 그렇지는 않을 것 같다. 오히려 지쳐서 생각이 멈출 수도 있다. 나는 너무 많은 시간 동안 생각을 하면 머리에 쥐가 나는 느낌이 든다. 즉흥적으로 생각하고 행동하는 것을 좋아하는 나로서는 더욱 그랬다.

깊이 생각한다는 것은 단지 '생각의 횟수'를 의미하는 것이 아니라 생각의 깊이를 의미한다. 그렇다면 교수님의 '깊이 생각해 보라'는 말씀은 내가 가지고 있는 다양한 생각을 최대한 융합하라는 의미였을 것이다. 바로 내 안에 있는 다양한 생각들을 융합해 보라는 말씀이었다. 이처럼 깊이 생각한다는 것은 내 안에 있는 생각들을 융합해 가장 좋은 방법을 찾아내는 것이다. 결국 융합할 수 있는 생각이 많을수록 더 깊이 생각하는 사람이 된다.

생각은 물건을 만들거나 고치는 데 쓰는 공구와 같다. 거미줄처럼 복잡한 사람의 생각을 융합하여 목적에 적합하게 단순화해야 한다. 생각을 단순화하기 위해서는 자신을 돌아볼 수 있는 통찰력이 있어야 한다. 종교인들의 수행이 바로 이런 통찰력이다. 우리는 종교인처럼 깊은 통찰은 할 수 없더라도 어느 정도는 할 수 있어야 한다. 이 시대는 더욱 통찰력이 있는 사람을 필요로 하기 때문이다.

자신을 통찰할 수 있는 가장 좋은 방법은 '경험'이다. 생각에 대한 깊은 성찰을 통해 몸으로 움직이는 행동의 경험 말이다. 하지만 시간과 공간의 제한으로 모든 것을 직접 경험할 수가 없어서 간접 경험을 할 수밖에 없다. 어쩌면 우리의 삶은 직접 경험보다는 간접 경험이 더 많다. 간접 경험에 필요한 독서, 신문과 잡지, 방송 청취 등을 많이 해야 할 필요가 바로 그 이유다.

통찰을 잘 하는 사람이 되기 위해서는 지식과 정보, 경험 등을 아우를 수 있는 생각이 많아야 한다. 통찰력이 있는 사람은 상대의 마음을 읽는 데 유리하기 때문이다. 하지만 아무리 통찰력이 있는 사람이 할지라도 자신의 마음을 쓰는 정도에 따라 마음이 1그램이 될 수도 있고 1톤이 될 수도 있다.

여러분의 마음은 1그램인가, 1톤인가?

삶
내가 결정한 대로다

여러분은 '엄마' 하면 어떤 생각이 드는가?

우리는 '엄마' 하고 부르면 마음이 철렁한다. 낳아 주고 길러 주신 것에 대한 고마움뿐만 아니라 그 이상의 감정이다. '엄' 하고 입술을 다무는 순간, 어머니의 희생이 느껴져 마음이 먹먹해진다. 우리의 삶에 그렇게 절실한 존재는 또 없을 것이다.

우리를 낳고 먹이고 재우는 일도 고달프겠지만, 엄마라는 존재는 자식이 중·고등학교에 다닐 때 가장 고된 시간을 보낸다. 이른 아침 단잠에 푹 빠져 있는 우리를 깨우는 엄마의 목소리가 한없이 원망스러울 때가 있었을 것이다. 그러나 엄마가 항상 자식보다 늦게 자고 일찍 일어난다는 것에 대해서는 생각해 본 적 있는가? 자식 걱정에 편히 잠들기도 힘들었던 엄마의 모습을 본 적이 있는가? 빠듯한 형편에 학원비를 마련하려 고군분투하던 엄마의 모습을 외면한 적은 없었는가?

진로 및 입시 스트레스가 늘어갈 때 우리는 엄마에게 왜 그렇게 신경질적으로 못되게 굴었는지······. 엄마도 가끔씩 짜증스럽게 언성을 높이기도 했지만, 그게 다 '나 잘되라고' 한 희생이었음을······. 대학에 입학하던 날, 엄마는 이제야 한시름을 놓은 듯 숨을 몰아쉬며 참았던 눈물을 글썽인다. 우리 생애 가장 든든한 버팀목이 엄마다. 여러분은 엄마가 언제까지나 그렇게 해 줄 수 있다고 믿는가?

아니다. 이제는 엄마를 뛰어넘고 또 뛰어넘어야 한다.

요즘 중·고등학생 엄마들은 연예인 매니저 같다. 달력에 빽빽하게 적힌 스케줄에 따라, 아이들은 뒷자리에 태우고 이 학원 저 학원 옮겨 다니느냐고 정신이 없다. 가끔 시간이 촉박한 나머지 휴대폰으로 여기저기 전화를 하면서 운전을 하다가 아찔한 사고가 일어날 뻔하기도 한다. 일상의 바쁜 틈에서도 자녀의 학업과 생활을 챙기려고 애쓰는 모습이 눈물겹다.

우리는 가끔 신문이나 방송에서 일부 기획사와 연예인 사이의 '노예계약'이 문제라는 기사를 보게 되는데, 사실 요즘 극성맞은 몇몇 부모들의 자녀들도 거의 노예나 다름없는 것 같다. 자녀가 대학에 들어가지 전까지 엄마가 짜 놓은 틀 속을 벗어닐 수 없다. 대부분 엄마들의 과제는 자식을 좋은 대학에 보내는 것이기 때문에 이렇게 사사건건 간섭하는 것에 엄마들은 물론이고 자녀들도 익숙해져 있다. 그러다 보니 자녀들은 무척 불합리한 상황이지만 딱히 항의하거나 벗어나려 하지 않는다.

조금 과장하면 이는 '세계적인' 현상이다. 미국에서도 미니밴 맘이라는 용어가 자주 쓰인다. 커다란 미니밴을 몰며 아이들을 하키장까지 데려다 주는 것이 일과인 극성스러운 엄마들을 일컫는 말이다.

요즘 자식 주위를 헬리콥터처럼 맴도는 엄마들까지 있다. 일명 '헬리콥터 맘'이다. 또 GPS를 통해 하루종일 자식을 관찰하고 자식에게 조금만 수상한 동향이 보이면 곧바로 달려가는 엄마도 있다. 일명 '블랙호크 맘'이다. 〈블랙 호크 다운〉이라는 영화에 나왔던 초고성능 헬리콥터에서 유래한 용어이다.

헬리콥터 맘들은 대체로 이런 말을 많이 한다. 엄마가 시키는 대로만 해, 나중에 후회하지 않을 거야… 엄마가 뭐랬어… 하루에 한 번은 전화 해… 인맥이 중요하니 친구들 잘 사귀어야 돼… 그 애랑 놀면 안 돼… 어디서 놀다가 이 시간에 들어와…그 학과는 취업이 안 된다니까… 지금이라도 다시 법대 가라… 요즘엔 영어보다 중국어가 뜬다… 너 하는 걸 보고 있으면 안심이 안 돼… 엄마가 학원 끊어 놨어… 다 너 잘 되라고 그런 거야…….

대학교 학생들이 했던 학생 홍보 포스터에 등장하는 내용들이다. 이는 대학생 자녀가 인식하는 부모의 과잉 기대, 간섭을 리얼하게 보여 주고 있다. 굳이 이런 포스터가 아니어도 우리는 잘 알고 있다. 엄마들은 한결같다.

"너는 열심히 공부만 해. 다른 것은 엄마가 다 해 줄게."

사실 엄마가 자식에게 가르쳐야 할 가장 중요한 것이 공부일까. 아니다. 공부는 선생이 가르치는 것이다. 공부보다 더 중요한 것이 '인간관계'인데 엄마들은 그것에 대해 전혀 생각하지 않는다. '이게 다 너를 위한 것'이라고 말하면서……

이보다 더 큰 문제는 엄마들이 자녀가 대학에 진학한 후에도, 심하게는 사회에 진출하고 결혼한 이후에도 자녀의 매니저 역할을 계속한다는 것이다. 나도 '이번에 꼭 졸업해야 하니 학점을 인정해 주었으면 좋겠다'며 찾아와 사정하는 부모를 실제로 만나 보았다. 로스쿨 설명회나 고시 학원의 번호표를 받는 줄에 엄마, 아빠가 적지 않게 보이고, 공무원을 준비하는 노량진 학원가에도 상담받는 엄마들이 있다. 자녀가 군에 있을 때 군대의 상사에게 전화하는 엄마들까지도 있다고 한다.

과거엔 '자식 이기는 부모 없다.'고 했는데, 이젠 거꾸로 부모 이기는 자식이 별로 없는 것 같다. 자식들도 독립하고 싶지만, 생활비와 학자금, 결혼자금까지도 부모에게 의존하는 경우가 대부분이어서 홀로서는 것이 사실상 쉽지 않다.

놀랍게도 이러한 경향은 고학력의 부모들이 훨씬 더 강하다. 지식이나 경험이 월등하여 이를 근거 삼아 자식에게 부모의 뜻을 관철하다 보니 자녀들은 항변할 엄두조차 내지 못하고 그냥 따라 하는 경우가 많다. 이 경우 자식은 어릴 때부터 그래 왔기 때문에 커서도 부모 뜻을 무비판적으로 따르는 것에 습관이 들어 버린다. 요즘 젊은이들을 '캥거루족' 혹은 '위성 세대(satellite generation)'라 부르는 것이 이런 이유다. 그건 엄마에게도, 그리고 젊은이들에게도 전혀 바람직하지 않다. 언제나 자식 주의를 맴돌고 싶은 '엄마의 인생'이 서글프긴 하지만 우리는 반드시 엄마를 넘고 또 넘어야 한다. 인생은 결국 엄마가 해 줄 수 없는 '공부 이외의 나머지 것들'에 좌우되기 때문이다.

과거에는 대기업에서 직원 채용 시 상위권 대학과 학점, 외국 대학 졸업, 영어 점수 등 주로 공부와 관련된 실력 위주로 인재를 채용했다면, 최근에는 면접을 강화해서 직무역량에 대한 능력과 조직에서 다른 사람과 관계를 원만히 잘할 수 있는지에 대한 것을 더 많이 본다. 어느 일간지에 기업에서 선호하는 인재는 실력이 47%라면 인간관계가 53%라는 기사를 본 적도 있다. 그만큼 사람과의 관계가 더욱 중요해지고 있음을 시사한다. 이젠 공부만으로는 안 된다.

20대들의 부모의 출생연도는 1950년대 중반에서 60년대 중반까지로, 대략 나이는 50대 초반에서 50대 후반까지다. 나도 이 연배라서 잘 알고 있는데, 이때의 엄마들은 2000년대와는 전혀 다른 문화와 시대에 살아온 세대들이다. 1960년대 초만 해도 우리나라의 1인당 국민소득은 불과 100달러도 되지 않았다. 소말리아보다도 형편이 어려운 수준이었다. 서울 동대입구역 근처에 장충체육관은 필리핀 기술자들이 지어 준 것이다. 당시 우리는 그런 건물을 지을 기술력조차 없었다. 그랬던 우리나라가 지금은 국민소득 3만 달러를 눈앞에 두고 있다. 세계 8위 수준의 경제 규모를 가진 나라로 비약적인 성장을 거두었다. 엄청난 기술력과 자본을 필요로 하는 건물도 우리가 지을 수 있다.

부모와 자식 간의 세대 격차는 엄청나고 어쩌면 둘은 완전히 딴 세상에 살고 있는 걸 수도 있다는 생각마저 든다. 이젠 엄마들이 갖고 있는 시대 감각으로는 자식들의 미래를 더는 설계할 수 없으며 해서도 안 된다.

당시 부모들은 빈곤하고 급변하는 시대에 살았기 때문에 어쩔 수 없이 보수적이다. 사법고시가 입신양명의 왕도였고, 교사와 은행원이 최고의 직업이었다. 물론 지금도 여전히 좋은 직업이다. 다만, 그 직업들이 과거보다는 선호도가 덜한 뿐이다. 그 당시는 사회적 인정과 성취가 과제였기에, 개인의 만족과 행복을 중시하는 요즘 젊은이들과는 가치관이 전혀 다를 수밖에 없다.

시대관이나 가치관 면에서 현 세대를 따르는 부모라고 해도 자식 미래의 리스크를 감당할 수 있을 만큼 간이 큰 부모는 드물다. 자식의 인생 앞에서 엄마 가슴은 한없이 작아지기 때문이다. 그러기에 엄마들은 무엇이 잘 되지 않아도 '먹고 사는 데 지장이 없는' 안정적인 직업을 선호한다. 성공 가능성을 최대한 보려고 하기보다는 실패 위험을 최소화하는 데 관심이 있다. 그래서 엄마들이 제시하는 자식의 미래는 거의 대동소이하다. 여러분도 자녀에게 이렇게 한 적이 있는가.

한 2년 전쯤 이런 일이 있었다. 모 대학의 상담학과 교수(엄마)가 중학교 2학년인 자신의 아들 때문에 미치겠다면서 내게 찾아와 조언을 구했다. 아들과 갈등이 심해져 극에 달했다고 한다. 현재 아들은 공부를 잘해서 졸업 후 사법고시를 준비했으면 하는데 아들은 다른 분야에 관심을 보인다는 것이다. 그분 아들의 성격과 진로를 분석해 본 결과 사법고시와는 적성이 잘 맞지 않았다. 나는 그분 아들에게 얼마나 답답했냐고 물었다. 아들은 펑펑 울었다. 얼마나 마음이 찡하고 안쓰러웠는지…….

엄마는 상담을 받으러 와서 왜 질질 짜고 우느냐고 아들에게 야단쳤다. 아들은 더 크게 펑펑 울었다. 눌렸던 감정이 폭발하는 순간이었다. 북받치는 감정을 감당하지 못한 것이다. 답답해할 아들의 마음이 이해되고 또 이해됐다.

아들은 음악에 관심과 흥미가 있었다. 사실 그것 때문에 둘 사이에 갈등이 심했다고 했다. 놀라는 표정을 지으면서 어떻게 알았느냐고 하기에 구체적으로 설명해 주었다. 그럼 어떻게 해야 되느냐고 묻기에 내 말에 따르겠느냐고 나도 조심스럽게 다시 질문을 던졌다. 흔쾌히 따르겠다고 했다. 일반적으로 상담에서는 해결방안을 제시하지 말라고 하지만 나는 과감하게 제시했다.

아들은 공부가 문제가 아니라 우울증이 문제였다. 엄마에게는 아들이 가고 싶어 하는 음악학원을 우선 보내 주고, 어느 정도 감정이 치유되면 그다음에 아들 스스로 공부에 집중할 수 있도록 뒤에서 도와주라고 했다. 아들에게는 음악학원을 왜 다니고 싶은지, 가수라는 직업이 갖고 있는 화려함 뒤의 외로움에 대해 생각해 봤는지, 음악 공부를 어떻게 할 것인지 등에 대해 생각해 보고 실제 음악을 하려다가 포기한 사람이나 현재 가수를 하고 있는 사람들을 만나서 조언을 구하라고 했다.

급한 상담이 있어 30분 정도의 짧은 상담을 마치고 헤어지면서 혹시 둘 사이에 무슨 갈등이 생기면 바로 연락을 하라고 했다. 약 6개월 후 우연히 세미나에서 그 엄마를 만났는데, 지금은 아들이 공부도 열심히 하고 갈등도 없어졌다고 했다. 그 엄마는 상담 전문 교수인데도 아들을 위해 자신의 상담 방법과 가치관을 고집부리지 않고 내 상담 방법을 수용하고 잘 따라 준 점에서 참으로 훌륭한 엄마이자 교수라고 생각했다.

요새 사법연수원 졸업생들이 구직난에 허덕이고 로스쿨에는 자퇴생이 속출한다는 기사를 보며, 그 엄마가 어떤 생각을 할지 궁금하다. 물론 변호사는 지금도 인기 있는 직업 중 하나지만 내가 말하고자 하는 것은 매력 있는 직업을 떠올렸을 때 부모 세대의 인식과 자식 세대의 인식이 확연히 다르기에 자식의 꿈을 꺾어서는 안 된다는 것이다.

모든 것을 제쳐 두고 설사 엄마의 판단이 옳다고 하더라도, 엄마의 판단을 뛰어넘어야 하는 이유는 분명히 존재한다. 내 삶의 주인은 엄마가 아니고 바로 '나'이기 때문이다. 삶은 크고 작은 만족과 슬픔이 엮여 있다. 이것을 감당할 수 있는 것은 오로지 자기 자신뿐이다. 희로애락으로 짜인 삶을 좀 더 행복하게 보내기 위해서는 '내가 스스로 내린' 결정으로써 삶을 이끌어 나가야 한다.

인생의 삶의 핵심은 주체성에 있다. 어깨에 만근되는 돌덩이를 지고 있어도 그것이 자신의 돌이라고 생각하면 가볍게 느껴지지만 다른 사람이 지운 돌이라고 생각하면 무거울 것이다.

엄마를 넘고 또 넘어서라. 나는 신입생들에게 강의 첫 시간에, 대학생은 엄마 말을 듣지 말 것, 교수의 말도 듣지 말 것을 목청 높여 말한다.

그렇다. 자식들은 이제 엄마라는 목발을 과감하게 던져 버리고, 좀 힘들더라도 자신의 발로 걸어 보자. 물론 처음에는 나 홀로 살아야 한다는 불안감이 올 수 있지만, 한 발짝씩 힘들면 반 발짝씩이라도 자신의 걸음으로 걷는 연습을 해야 한다. 그 연습 끝에 언젠가는 걷는 것을 넘어 달릴 수 있을 테니까.

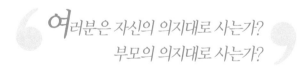

여러분은 자신의 의지대로 사는가?
부모의 의지대로 사는가?

혼자
놀면 독이다

인간관계, 삶에서 중요하지만 힘들다. 내가 젊었을 때 가장 힘들었던 시기를 지금 되돌아보면 육체적, 경제적 고통은 생각보다 그렇게 고통스럽지 않았던 것 같다. 그보다 훨씬 더 힘들었던 것은 인간관계에서 오는 심리적 갈등이었다. 그뿐인가. 우리 사회는 인맥과 인간관계를 유난히 중요시하는 집단 사회다. 중요한 대부분의 일들이 인간의 신뢰를 토대로 이루어지다 보니 인간관계가 중요하면서도 힘든 것이다.

대학에서 인간관계의 문제가 본격적으로 진행되기 시작한다. 여러분이 다 알고 있는 것처럼 대학은 고정된 반(班)이 없다. 유치원에서부터 고등학교에 이르기까지, 학생들은 약 30명의 인원을 중심으로 제한된 공동체 속에서 서로 싸우다가 화해하고, 미워하다 좋아하고, 질투하다 사랑하고, 그렇게 싫든 좋든 자신의 의사와 관계없이 지지고 볶으며 1년을 같이 생활해야 한다. 그런데 대학에 오면 그런 추억 공유의 장인 반이 사라진다.

대학에서 반이 없다는 것은 양적으로나 질적으로 매우 커다란 변화다. 친구 혹은 선생님과의 관계가 전부이던 초·중·고등학교에서의 인간관계는 비교적 단순하다. 하지만 대학에서는 동성과 이성 친구, 선후배, 교수까지 인간관계가 좀 더 확장된다. 졸업 이후에는 직장 동료와 상사, 외부 협력자 등 매우 친근한 인간관계부터 업무상으로 알게 되는 인간관계까지 그 폭이 폭발적으로 증가하게 된다.

이처럼 성인이 되어 인간관계의 폭이 엄청나게 증가하면서 상대해야 할 사람의 수가 기하급수적으로 증가하는 반면, 일대일로 사람과 접촉할 기회는 확 줄어든다. 그러다 보니 과거처럼 친밀한 관계가 형성되기 어렵다. 한 번의 실수로 관계가 어그러지면 다시 회복하기가 어려워진다. 초·중·고등학교 때 친구들 만한 인간관계가 없는 이유이기도 하다.

문제는 오로지 원하는 대학만 가면 된다는 생각으로 입시 준비만 했지, 인간관계에 대해서는 전혀 준비를 하지 않은 채로 성인이 된다는 것이다. 중·고등학생 때는 말 그대로 공부를 잘하면 인정받기 때문에, 또 주변 사람들과의 관계만 잘하면 되기 때문에 군이 폭넓은 인간관계에 대해 깊이 생각하거나 심도 있는 경험을 할 기회가 부족하다. 이런 상태로 대학생이 되고 성인이 되었는데, 그에 적합한 인간관계에 대한 연습 또한 전혀 한 적이 없다. 그뿐인가. 예비부부들은 결혼 후 서로 역할을 어떻게 해야 하는지, 자녀를 어떻게 키워야지 하는지 등에 대해 사전 인간관계나 교육도 전혀 받지 않고 있다.

더군다나 요즘 세대들은 인간관계에 대해 시대적으로도 과거 젊은 세대보다 취약한 환경에 놓여 있다. 요즘 세대들이 주로 '개인'적으로 혼자 생활하고 성장하기 때문이다. 나 같은 과거 세대들은 아주 어릴 때부터 형제자매들과 한 방을 쓰며 서로 다투고 부딪히면서 공동체 생활의 기본을 배웠다. 이와는 달리 요즈음 세대들은 독자로 태어난 학생이 약 50% 이상이고, 설사 형제자매가 있다고 해도 대개는 혼자 자기 방에서 생활을 한다. 이 학생들은 놀 때도 과거처럼 골목길에서 친구들과 딱지치기를 하거나 고무줄넘기를 하지 않는다. 그 대신 각자 혼자서 게임을 하며 노는데, 가족이 함께 사용하는 가전(家電) 제품이 아니라 게임기, 휴대폰, MP3 플레이어, 카톡, 노트북 등 주로 혼자 쓰는 개전(個電) 제품을 사용한다. 이렇게 혼자 생활하는 것이 익숙하다 보니 대학에 와서도 기숙사에 있거나 하숙을 하기보다는 원룸에서 혼자 생활하는 것을 선호한다.

또한 요즘 학생들은 인간관계의 상당 부분을 오프라인이 아닌 온라인으로 해결한다. 그러한 도구로는 개인화된 싸이월드, 블로그, 트위터, 페이스북, 게임 커뮤니티나 길드 등의 온라인 매체가 대부분이다. 오프라인에서 다소 인간관계가 서투를지 몰라도 온라인에서는 꽤 유명한 학생들도 많이 있다. 이런 내용을 모르는 사람들은 별거 아니라고 할 수 있으나 블로그 방문자가 하루에만 수천 명에 이르는 경우들이 있다.

이런저런 이유로 혼자 노는 것이 더 편한 학생들이 점점 많아지고 있다. 학과 행사나 단체 활동에는 별 관심이 없고 그냥 혼자 노는 것이 더 편한 '아싸(아웃사이더)'를 선호한다. 내가 학교에서 강의하는 수업에도 혼자 따로 앉아서 수업 듣는 학생들이 과거보다 훨씬 많아졌다. 점심시간에도 친구들과 함께 식사를 하기보다는 혼자 먹는 것이 더 편하다는 것이다.

팀으로 나누어 발표할 때도 과거에는 친한 친구들끼리 조를 짜려고 했는데, 요즘엔 "그냥 출석부 순서대로 해 주세요." 하는 학생들이 많아졌다. 나는 집이 서울대 근처에 있어서 커피 전문점에 자주 가는 편인데, 그때마다 노트북을 들여다보며 혼자 앉아 있는 학생들을 많이 본다. '혼자 놀기'의 전성시대임이 실감 난다.

문제는, 인간은 사회적 동물이고 사회는 혼자만이 노는 곳이 아니라는 것이다. 그러기에 학생들은 사람들과 함께 어울리는 방법을 배워야 한다. 아무리 둘러봐도 혼자 놀면서 차곡차곡 쌓은 스펙을 모아 취업하는 학생은 거의 없다. 오히려 중·고등학교 때 배우지 못한 다양한 인간관계의 스펙을 쌓는 것이 취업에 도움이 될 수 있다.

대학에 '자살방지 핫라인 전화'를 24시간 운영한다는 뉴스를 본 적이 있는데, 그때 정신이 아찔했다. 블로그의 방문자가 수백 명이고 트위터 맞팔 상대가 수천 명인들 무엇 하겠는가. 자살을 생각할 만큼 절실한 고민을 밤새 들어 줄 친구가 하나도 없으니 말이다. 오죽하면, '자살 및 위기 상황에 놓이면 언제든지 원하는 교수의 이메일이나 24시간 가능한 연락을 주십시오. 여러분의 이야기를 듣겠습니다.'라는 '핫라인'이 개설되었을까. 이 '핫라인' 개설은 연세대 남궁기 교수가 주도하고 소속 교수 7명이 동참했다. 교수들은 최근 들어 학생들의 자살이 이어지고 있는데, 내 학생들은 내가 지켜야 한다고 생각하여 의예과 학생들과 의학전문대학원 학생들 전부에게 휴대전화를 공개한다고 했다.

그렇다고 온라인 인간관계가 공허하거나 필요 없다는 것은 아니다. 온라인도 나름대로 막강한 정보와 영향력이 있어서 의미가 있다. 온라인은 온라인대로, 오프라인은 오프라인대로의 인간관계의 기능과 역할이 각각 별도로 존재한다. 그 기능과 역할을 모두 온라인으로만 치중하여 사람들과의 직접 만남을 회피하지는 말자는 것이다.

여러분은 수시로 오프라인 행사에 얼굴을 내밀어야 한다. 비록 스펙에 도움이 되지는 않을지라도, 사람 냄새가 물씬 풍기는 그런 모임에 가입해야 한다. 기성세대의 낡은 습관이라 생각되어도 직장 동료와 함께 밥 먹으러 같이 가고, 상사의 '번개모임'이 재미가 없더라도 재미있게 받아들여야 한다.

나는 상담을 할 때마다 빼놓지 않고 하는 말이 있다. 좋은 인간관계를 유지하기 위해서는 역지사지(易地思之), 즉 입장을 바꾸어 생각하면 된다는 말이다. 남이 나에게 무엇인가를 해 주기를 원하는 말과 행동은 하고, 반대로 남이 나에게 했을 때 즐겁지 않은 말이나 행동은 하지 않으면 된다. 역지사지는 부부만이 아니라 모든 인간관계의 기본이다.

역지사지는 생각만큼 실천하기가 쉽지 않다. 인간의 본성은 이기적이고 자기중심적이어서 자기 자신에게는 매우 관대하고 합리화하기 마련이다. 그래서 '나는 역지사지하고 있는가?'라는 질문을 끊임없이 자신에게 던지는 연습이 일상에서 이루어져야 한다.

여러분은 모두 가정에서 귀한 사람들이다. 서로가 마음에 들지 않고 갈등이 있다고 하더라도, 그때마다 입장을 바꾸어 생각해야 한다. 좋은 인간관계는 어디에선가 갑자기 찾아오는 것이 아니라 평소 노력하며 함께 만들어 가는 것이다.

혼자 놀고 밥을 먹는 것은 스스로 인간관계의 끈을 끊는 독이 될 수 있다. 대학을 졸업하면서 또 하나 가져가야 할 졸업장은 '좋은 인간관계'다. 취업을 하거나 살아가기 위해서 실질적으로 필요한 것은 어쩌면 대학 졸업장보다도 인간관계가 더 중요할 수 있다. 왜 반쪽짜리 로봇으로 살려고 하는가. 이어폰을 빼고, 컴퓨터를 끄고, 자신의 몸을 사람들 사이에 그대로 내던져 보라. 과감하게.

여러분은 혼자 노는가?
누간가와 함께 노는가?

긍정
지혜가 이끈다

「개미와 베짱이」는 유명한 이솝 우화 중 하나다. 개미는 여름에 쉬지 않고 열심히 일했고, 베짱이는 바이올린을 켜고 노래를 부르며 놀았다. 베짱이는 일해야 한다는 개미의 충고를 콧방귀를 뀌며 무시하고 놀았다가 겨울에 먹고 살기가 힘들었다. 베짱이는 자신의 잘못을 뉘우치고 개미에게 사과했다. 개미는 사과를 받아주고 베짱이에게 먹을 것을 주었다는 내용이다. 이 우화는 우리에게 미래를 위해 계획하고 일하는 가치에 대한 도덕적 교훈을 준다.

사람은 개미처럼 사는 것이 행복할까, 베짱이처럼 사는 것이 행복할까. 사람의 가치관에 따라서 다양하게 생각할 수 있다. 베짱이보다는 개미처럼 살아가는 사람이 많기에 개미와 관련된 이야기를 하고자 한다.

내가 살고 있는 관악산 끝자락에는 봄이면 아카시아꽃이 만발한다. 이때면 어김없이 아카시아 꿀을 따서 뚜껑이 없는 옹기 그릇에 꿀을 담은 꿀 주인을 보게 된다. 한 번은 꿀의 단 냄새를 맡은 개미들이 몰려들어 꿀의 주인은 당황했다. 주인은 꿀을 지키기 위해 손가락 한 마디 정도가 잠길 만큼 세숫대야에 물을 받아 왔고, 그 세숫대야의 중앙에 꿀을 놓았다.

개미들은 꿀을 포기했을까. 그러지 않았다. 개미들은 꿀이 있는 곳으로 가기 위해 세숫대야 안쪽까지 기어올랐다. 그러나 꿀을 먹으려면 꿀 주인이 만들어 놓은 세숫대야 안의 물을 건너야 하는데, 물을 건너지 못해 눈앞에 보이는 꿀을 먹을 수가 없어 난감했다. 앞발을 물에 담그는 등 여러 가지로 궁리를 했지만, 수영을 전혀 못하는 개미들은 물을 건너갈 방법이 없었다. 게다가 개미들이 무리하게 건너다가 물에 빠지면 방향을 못 잡아 이리저리 빙글빙글 돌다가 힘이 다하면 죽을 수도 있다.

물 앞에서 절절 매는 개미들의 모습을 보면서 꿀 주인은 웃었다. 자신의 기발한 상상력으로 개미들을 이겼다고. 하지만 개미들은 포기하지 않았다. 세숫대야를 빠져나와 일제히 줄을 지어 벽을 타고 천정까지 기어올랐다. 개미들은 꿀이 담긴 그릇으로 다이빙할 수 있는 천정의 지점에 멈추고 잠시 아래를 보다가 꿀이 담긴 그릇 속으로 일제히 다이빙했다. 개미들은 꿀 주인의 상상력보다 더 뛰어났다. 뛰는 놈 위에 나는 놈이 있다는 말이 이런 것을 두고 하는 말이다. 꿀 주인은 개미들이 다이빙하는 광경을 보고 놀랐다. 개미들은 게임에서 이겼지만 끈적끈적한 꿀의 늪을 빠져나올 수 없었다. 결국, 이 게임에서는 모두가 패자다. 꿀 주인은 개미 떼가 빠져 있는 꿀을 먹을 수 없으니 패자이고, 개미는 꿀에 빠져 죽고 말았으니 역시 패자다. 개미는 꿀 속에 빠지면 나올 수 없다는 생각을 못 했다. 개미는 달콤한 꿀이 자신의 죽음인 것을 미처 몰랐다.

이것은 개미만의 이야기가 아니라 인간도 마찬가지다. 인간은 격해진 감정을 못 이길 때 이성적인 행동보다는 극단적인 행동을 하는 경우가 많다. 극단적인 행동으로 불행해질 것을 알면서도 극단적인 행동을 하는 것이 인간이다. 신문에서 가끔 접하는 극단적인 행동을 통한 자살 소식이 이런 경우다.

꿀 속으로 다이빙하는 개미의 이야기를 마음속에 기억할 수 있다면, 괴물이 파 놓은 달콤한 함정을 피해서 극단적인 행동을 줄일 수 있지 않을까. 이것을 이기지 못해서 얼마나 많은 사람이 힘들어하고 있는가. 여러분은 극단적인 행동을 할 만큼 힘든 적이 있었는가.

여러분은 극단적인 상황에서 한 번 더 생각하는가?

눈치
배려의 기술이다

우리는 누구나 꿈을 꾼다. 용꿈을 꾸면 왠지 기분이 좋다. 용꿈은 매우 좋은 수가 생긴다는 뜻으로 꿈 중의 최고로 해석되기 때문이다. 집안이 가난해도 공부를 많이 하면 '개천용' 되는 시대가 있었다. 지금은 어렵다. 법이 개천용 만드는 시대가 되었으니까. 빈익빈 부익부 시대라는 말이다. 빈익빈에 있는 사람은 씁쓸하다. 물론 부익부는 좋겠지만.

용의 유래는 어디서 나왔는가. 용은 이집트, 중국 등 문명의 발상지에서 등장하며 동물의 우두머리를 상징한다. 임금과 관계되는 것에시는 거의 빠짐없이 '용'이라는 접두사를 붙여 존칭할 정도니까. 임금이 앉는 평상을 용상(龍床)이라 일컫는 것처럼.
　중국의 고전『한비자』에 보면 전설의 동물인 용(龍)의 이야기가 나온다. 용은 잘 길들이면 사람이 용 위에 올라탈 수도 있으나, 잘못하면 용에게 죽임을 당할 수도 있다.

용의 목덜미에는 거꾸로 난 한 자 길이의 역린(逆鱗)이란 비늘이 있다. 역린은 다른 비늘과는 달리 거꾸로 돋아 있는 비늘이라서, 거스를 역(逆)에 비늘 린(鱗)이다.

용 위에 올라탄 사람이 용의 역린을 건드리면 용은 머리를 돌려 그 사람을 죽인다. 역린은 용에게 가장 부끄러워 감추고 싶은 부분이기 때문이다. 마찬가지로 왕도 역린처럼 부끄러워 감추고 싶은 부분이 있는데, 이를 건드리는 사람이 있으면 아무리 충성스러운 신하라도 죽음을 면하기 어렵다.

한비자는 신하의 입장에서 진언할 때 군주의 약점이나 아픈 부분을 건드리지 않는 것이 얼마나 어려운 일인가를 강조하고 있다. 일반적으로는 윗사람의 약점을 건드려 기분을 상하게 하면 '역린을 건드렸다'라는 말로 표현한다. 쉽게 이야기하면 군주에 대한 직언이 어렵다는 것이다.

모든 사람은 저마다 감추고 싶고 부끄러운 역린이 존재한다. 그 사람이 가진 역린이 무엇인지를 살펴서 상대의 수치심이나 부끄러운 부분을 건드려서는 안 된다는 것을 한비자는 말하고 싶은 것이다.

상대의 역린을 건드리기보다는 상대가 가장 자랑스러워하는 부분을 말해 주어야 한다. 그렇지 않으면 아무리 논리적으로 말을 해도 상대의 마음을 알 수 없다.

어쩌면 누구나 아는 상식적인 이야기 같지만, '역린'이란 단어를 알고 있는 사람과 모르는 사람은 실제 삶에서 많은 차이가 있을 수 있다. 여름에 호수에서 보트를 탈 때 구명조끼가 있으면 안전하다고 생각하는 사람과 실제로 보트를 가지고 있는 사람과는 심리적으로 많은 차이가 있는 것과 같다.

'역린'이라는 단어를 생각하고 마음속에 가지고 있는 사람은 그렇지 않은 사람보다 더 세심하게 상대의 마음을 알 수 있다.

여러분은 눈치로 상대를 이해할 수 있는가?

'내 눈이 본 마음은
빙산의 일각이다'

상대 단점
곧 나의 단점이다

'칼' 하면 어떤 것이 떠오르는가.

가정에서 과일을 깎는 칼을 생각할까? 아니면 강도가 흉기로 사용하는 칼을 생각할까? 칼이라는 대상은 같지만 쓰는 사람과 용도에 따라 떠오르는 이미지가 천지 차이다.

강도가 든 칼은 위협적이고, 공포의 대상이 된다. 강도가 든 칼이 떠오른다고 해서 혹은 사고의 위험이 있다고 해서 집에 있는 칼을 쓰지 않는 사람은 없다.

대한민국을 눈물바다로 만들었던 〈미워도 다시 한 번〉이라는 영화가 생각난다. 어찌 보면 유치한 영화 제목 같지만, 우리의 인간관계에 대한 철학이 담겨 있다. 누군가와 유익한 관계를 맺고 있는 대부분의 사람은 미워하면서도 다시 만났던 시간이 있기 때문이다.

인간에게 칼의 존재는 '미워도 다시 한 번'일 수밖에 없다. 일상의 생활에서 칼이 없다면 얼마나 불편할지 생각해 보라. 이처럼 칼은 우리에게 해를 끼칠 수 있는 가능성을 갖고 있지만 칼을 전혀 쓰지 않을 수는 없다.

칼과 사람과의 비유를 통해 우리에게 생각할 점이 있다. 사람은 칼이 유해한 점을 갖고 있지만 버리지 못하는 것처럼 마음에 들지 않는 사람이라도 때로는 품을 수 있어야 한다. 언젠가는 내게 유익을 줄 수 있으니까. 이것에 관해 명쾌하게 함축된 명언이 있다. "영원한 적도 없고 영원한 친구도 없다."라는 말이다.

내게 영원히 이익을 주고 또 영원히 불이익을 주는 사람은 결코 없다. 이 말이 신뢰의 가치를 절하하는 삭막한 이야기로 들릴 수도 있지만 실은 '인간관계'의 처세에 대해 일러주는 말이다.

우리는 화나면 종종 이런 말을 한다. "그런 인간, 안 보면 그만이야!" 혹은 "그런 인간, 안 봐도 볼 사람 천지야!"라고 종종 말한다.

그런 인간을 보지 않고 살 수 있을까. 볼 사람이 천지일까. 분명한 것은 이런 말을 많이 하는 사람일수록 고립되고 불행하게 될 것이라는 것이다. 이런 사람 옆에 누가 있겠는가.

우리는 일상의 순간순간 선택을 하게 된다. 상대의 약점만 볼 것인가, 아니면 강점까지 볼 것인가. 마찬가지로 나의 단점만 볼 것인가, 아니면 강점까지 볼 것인가에 대한 선택은 내가 해야 한다. 상대방의 단점을 보기 전에 장점까지 보려고 할 때 상대방을 인정할 수 있고 상대방의 마음도 읽을 수 있다.

일반적으로 상대방의 단점이 나의 단점일 때가 많다. 내가 가지고 있는 단점을 상대방에게서 쉽게 발견할 수 있기 때문이다. 키 작은 학생을 놀리는 학생은 대부분 키 작은 학생이다.

타인의 단점을 탓하기 전에 먼저 자신을 되돌아보라.

❝여러분의 단점은 무엇인지 생각해 보았는가?❞

사랑
집착과 종이 한 장 차이다

    가끔 지하철역에서 커플들이 껴안고 있거나 포옹하는 모습을 마주치곤 한다. 심지어 지하철 안에서도 본 적이 있다. 처음에는 이해하지 못했다. 한편으로는 부럽기도 했다. 세대 차이가 느껴졌다. 그런데 지금은 그런 광경이 별 거부감 없이 자연스럽다. 시대의 변화니까. 그 모습을 보면서 한 가지 궁금한 점이 있다. 과연 그들은 어떤 사랑을 하고 있을까?

    "Love me like there's no tomorrow."
    그룹 '퀸(Queen)'의 리드 가수 프레디 머큐리가 불렀던 곡 중에 있는 노래 제목이다. 누구나 들으면 공연히 가슴이 두근거릴 정도로 사랑이 듬뿍 담긴 노래다. 요즘 신세대 커플들도 내일이 없는 것 같은 강렬한 사랑을 하고 있을까?

얼마 전 연구실에 제자가 찾아왔다. 제자는 진지한 표정으로 나에게 물었다.

"교수님, 저 얼마 전에 여자 친구가 생겼는데 여자 친구가 표현을 잘 하지 않아서 저를 사랑하는지 모르겠어요. 공부도 되지 않아요. 여자 친구의 마음을 읽으려면 어떻게 해야 할까요?"

나는 제자에게 "사랑에 빠졌구나! 진심을 보이면 되지 않을까."라는 말을 해 주고 말을 아꼈다. 젊은이들은 '사랑에 빠졌다'는 감정을 좀 더 깊이 있게 생각할 필요가 있어 보인다. 내가 본 많은 청춘들은 재고 또 재고 나서 그제야 '이 정도면 손해가 아니다' 싶은 상대를 선택하는 것 같다.

요즘 청춘들은 홈쇼핑에서 물건 하나 살 때도 여기저기 알아보고 구매할 정도로 깐깐하다. 우리 딸도 물건을 살 때 요리조리 가격을 따져 보고 결정한다. 그게 이성 친구를 만날 때에도 발휘되는 듯하다.

하지만 '간장남'이라는 단어가 있을 정도니 좀 심하다는 생각도 든다. 여성을 만날 때 계속 '간만 보는'(잇속을 따지는) 남자를 뜻하는 말이다. 머릿속 계산기를 두들기며 사랑을 하겠다니! 생각만 해도 피곤하다. 사랑이란 감정조차 상업화되어 가는 것일까. 이것은 시대의 변화일까.

극히 주관적일 수도 있지만, 이렇듯 내가 보기에는 요즘 세대의 사랑은 계산적인 경우가 많은 것 같다. 상대와의 격차를 초월한 사랑을 하거나 차이를 인정하고 상대의 부족함까지 사랑하는 커플을 만나기 힘들다. 과거보다 관대해진 것은 나이뿐. 연상녀-연하남 커플은 확실히 많아졌다. 내 주위에도 꽤 있다. 과거에는 거의 없었던 일이다. 이것도 시대의 흐름인가. 아니, 남성들이 여성에게 의지하고 싶어서 그럴까.

지하철역이나 인터넷에서 결혼정보회사 광고를 심심치 않게 본다. 거기서 나오는 자료를 분석해 보면, 여자 입장에서는 예쁠수록 연봉이 높은 남자를 만나고, 남자 입장에서는 돈을 많이 벌어야 예쁜 여자와 결혼한다고 한다. 결혼에 있어 여자 외모와 남자 연봉은 비례 관계에 있다는 결과는 왠지 모르게 당혹스럽고 섬뜩했다. 물론 그렇지 않은 청춘들도 있겠지만.

공자는 자신의 이익을 기준으로 하여 사랑하는 것은 정당하지 못하다고 했다. 또 맹자는 사랑의 대상에게 자신의 인(仁)과 예(禮)로 마음(忠)을 다하라고 했다. 그런데도 상대가 자신을 사랑하지 않는다면 그 사람이 정신 나간 사람이니 아예 상대할 것이 못 된다고 했다. 계산적인 오늘의 청춘들에 의미심장한 말이 아닐까.

요즘, 청춘들은 비슷한 조건의 파트너를 만나는 경향이 있다. 경제적, 문화적 차이도 줄일 수 있고 취향도 비슷하니 장점도 많다. 아무리 그렇다고 하더라도, 사랑이 물건 쇼핑하듯이 거래 관계로 변하는 것만 같아 씁쓸하다.

사랑은, 사랑에 빠지고(Falling in love), 사랑하고(Being in love), 머무는 (Staying) 3단계를 거쳐 발전한다. 사랑에 빠지고 사랑하는 단계에서는 사랑의 환상에 빠져 상대의 단점은 보이지 않고, 관계에 상처를 낼 만한 나와 상대의 특성도 그다지 주목하지 않는다. 청춘들은 어떤 단계의 사랑을 하고 있는가. 청춘이라면 사랑에 빠지는 단계에 있어야 한다.

자, 청춘들에게 묻는다. 이것저것 재지 말고, 마치 내일이 없는 것처럼 사랑할 수 있는가. 나는 말하고 싶다. 청춘은 할 수 있다고, 아니 그렇게 해야만 한다고. 그런데 무엇이 두려워서 이리저리 재는가? 사랑은 청춘만이 가질 수 있는 가장 강렬한 감정인 것을. 그 감정을 경험하지 않는 사람이 어떻게 학문을 알려고 하는가. 청춘이 해야 하는 수많은 경험 중에서 가장 소중한 것은 바로 사랑이다. 청춘들이여! 온몸을 던져 사랑하라. 마치 내일이 없는 것처럼.

반대로, 내일이 없는 것처럼 사랑에 빠지지 말라고도 말하고 싶다. 방금까지 했던 말과 완전 모순되는 듯하지만 그렇지 않다. 사랑에 빠지지 말라는 것이 사랑을 포기하라는 말은 아니다. 뜨겁게 사랑하되 나와 상대가 서로 도움이 되는 사랑을 하라는 말이다. 뜨겁고 유익한 사랑을 하기 위해 나와 상대에 대한 애착 유형을 살펴볼 필요가 있다.

'애착(愛着)'을 연구하는 학자들은 엄마의 양육 태도에 따라서 자녀의 사랑 유형을 네 가지로 구분하고, 그 자녀는 다른 유형의 사람을 사랑한다고 했다. 사랑의 네 가지 유형에는 '안정형', '불안형', '회피형', '혼란형'이 있다.

'안정형'은 어떤 사랑을 할까. 만약 상대를 엄마라고 가정한다면 이 유형의 경우 엄마가 잠시 어디론가 떠나서 눈에 보이지 않아도 돌아온다는 확신이 있어서 혼자서도 무리없이 지낸다. 이런 사람은 지금 사랑하는 사람이 잠시 떨어져 있어도 자신이 사랑받을 만하다고 믿기 때문에 관계 역시 안정적이다. 안정형은 꽤 건강하고 이상적인 사랑을 한다.

'불안형'은 어떤 사랑을 할까. '안정형'과 달리 엄마가 눈에 보이지 않으면 심각한 불안 증세를 보인다. 이런 사람은 사랑에 대한 신뢰감이 부족하므로 자꾸만 확인하고 싶어 하고, 옆에 꼭 붙어 있고 싶어 하며 의존한다. 또한 상대에 대한 집착이 크다. 심하게는 전화가 안 오면 전화기를 꼭 쥐고 수시로 보기도 한다. 떠났던 이가 돌아오면 왜 날 이토록 불안하게 했느냐고 원망하며 울지만 이내 다시 품에 안기게 된다. '불안형'은 사랑하는 대상이 있든 없든 항상 상대에게 목말라 한다. 자신도 상대도 모두 힘들다.

'회피형'은 어떤 사랑을 할까. '회피형'은 엄마가 시야에서 사라졌을 때 겉으로는 태연하게 보이지만 사실 커다란 두려움을 스스로 위로하고 표현하지 않는다. 겉으로 보기에는 자기만의 세계가 있어 외로움도 부족함도 없어 보인다. 그러나 이들은 사랑하는 사람이 다가오는 것을 부담스러워하고, 되도록 관계를 맺으려 하지 않으며, 관계에 대해 무관심하다. 어쩌면 가장 관계를 필요로 하는 사람일지도 모른다. 겉으로는 혼자 잘 지내는 것처럼 보이지만 말이다.

'혼란형'은 어떤 사랑을 할까. 이 유형은 '불안형'과 '회피형'이 동시에 나타나는 사람이다. 이들은 상대에게 이중 메시지를 보낸다. "가 버리라고. 몇 번을 말해." 그러고는 "가란다고 진짜 가냐." 하며 아파 한다. 이런 사람과 사랑을 하게 되면, 도대체 어느 장단에 춤을 춰야 할지 혼란스러울 뿐이다. 아마도 애정을 줄 때는 듬뿍 줬다가, 그렇지 않을 때는 가차 없이 엄격하고 냉정했던 부모님 밑에서 자랐을 확률이 클 것이다. 비일관적인 태도의 부모에게서 성장한 사람이다.

사실 '불안형'으로 반응하든, '회피형'으로 반응하든, 누구나 모든 관계 속에서 사랑받고 칭찬받고 안정감을 느끼기를 바란다. '혼란형' 역시 마찬가지다.

누구와 사랑의 춤을 출 것인가. '안정형'은 '불안형'이든 '회피형'이든 '혼란형'이든 누구와도 대체로 거뜬히 사귄다. 문제는 '불안형'과 '회피형'과 '혼란형'의 사랑이다. '불안형'과 '회피형'이 만나면 한쪽은 속상하고, 한쪽은 부담스러워한다. '불안형'끼리 만나면 서로를 구속하는 데 에너지를 소비한다. '회피형'끼리 만나는 경우는 거의 없지만 관계의 발전 속도가 매우 더디다. 주변에서 만났다 헤어지기를 반복하는 커플이 있다면 둘 중 적어도 한 명은 '혼란형'일 확률이 높다. 하지만 성인이 되어 어떤 관계를 경험했는가에 따라 '안정형'도 '회피형'이나 '불안형'으로 바뀔 수도 있고, '회피형'이나 '혼란형'도 '안정형'으로 바뀔 수 있다.

사랑의 춤을 어떻게 출 것인가. 사람은 20년 전 엄마의 품에서 떨어져 이제 독립적으로 사랑하는 상대를 만나 사랑의 춤을 추게 된다. 어떻게 출 것인가.

나의 사랑에 대한 허기짐은 지금 만나고 있는 상대가 원인을 제공한 것이 아니다. 그래서 감정의 허기짐을 무턱대고 상대에게 달라고 한들 그 상대는 원인 제공자가 아니므로 줄 수 없다. 상대는 나와 함께 사랑의 춤을 추는 파트너이다. 사랑하기 전에 먼저 자신의 애착 유형을 파악하고 인식한 뒤 보다 건강한 방식으로 행동에 옮겨야 한다. 그렇지 않으면 상대를 비난하게 되고 상대는 그 비난이 싫어서 떠나게 된다. 이 점이 연애할 때 명심할 과제다.

나의 애착 유형을 아는 만큼 상대의 애착 유형을 아는 것도 중요하다. 나와 함께 사랑의 춤을 추고 있는 상대가 어떤 패턴의 스텝을 밟고 있으며 어느 지점에서 꼬일 수 있다는 것을 대비하기 위함이다. 그래야 다음에는 실수를 반복하지 않는다. 매번 가르쳐 주어도 같은 스텝에서 꼬이는 상대를 만나면 힘들어서 포기하고 새로운 상대를 만나야 할지 심각하게 고민할 문제다. 선택한 사람도 '나'고, 상대가 달라져도 똑같은 문제에 부딪히는 사람도 '나'이기 때문이다.

네 가지 사랑 유형 중에서 나는 어디에 해당하는지 깊이 고민을 해 봐야 한다. 그렇지 않으면 내가 원인을 제공하고, 그 책임을 상대에게 돌리게 된다. 대부분의 갈등이 이런 경우이다. 제발 자신을 알자. 안타까울 때가 한두 번이 아니다. 자신이 변하면 되는데, 상대에게만 변화를 요구하고 있으니 말이다.

나는 지금 어떤 사랑을 하고 있는가. 나는 지금 연애를 시작하면서 친구, 취미, 수업, 동아리 등 모든 자기 생활을 포기하고 이성 친구와의 관계에만 몰두하고 있지 않는가? 물론 '사랑하니까' 모든 것을 바쳐야 한다. 하지만 그 관계 속에서 '나'를 보지 않는다면 문제다. 무척 위험한 사랑이다.

사랑한다는 것으로
새의 날개를 꺾어
너의 곁에 두려 하지 말고

가슴에 작은 보금자리를 만들어
종일 지친 날개를
쉬고 다시 나아갈

힘을 줄 수 있어야 하리라

　시인 서정윤의 〈사랑한다는 것으로〉라는 시다. 이 시는 과거에 무척 유명했던 시인데, 지금도 사랑하는 모든 사람들의 가슴에 품어야 할 시다. 특히 사랑을 시작하는 청춘들에게는 더욱 그러하다.

　요즘 많은 커플이 서로에게 모든 것을 포기하고 나에게만 몰입해 줄 것을 바라며 희생을 요구한다. 날개를 꺾어 자신의 곁에 두려고만 한다. 그리곤 그것을 사랑이라 부른다. 집착과 욕심일 뿐인걸.

　인간은 태어나는 순간부터 반쪽짜리라 결코 혼자 살 수 없다. 그래서 어릴 때는 엄마가 자녀의 욕구를 채워 준다. 그 과정에서 자녀에게 집착하는 경우가 많다. 이런 자녀는 다시 사랑에 집착하게 될 가능성이 높다. 부모가 자녀에게 집착하면 자녀는 또 다른 상대에게 집착하게 된다. 자녀의 정서 문제는 부모의 책임이 뒤따를 수밖에 없다.

　집착이란 무엇일까. 요즘 심각한 사회문제는 거의 '집착'으로 인해 일어난다. '집착'은 독립심을 약하게 한다. 상대가 없으면 불안해지는 감정이 집착의 시작이라고 할 수 있다. 심각하게는 부부 폭행과 이혼, 학교 왕따와 폭력, 직장 부적응 등의 문제를 야기할 수도 있다. 인간의 본성보다는 감정의 습관에 치중해 비롯된 문제이다. 다양한 연구와 상담을 통해서 이런 사례를 많이 보았다.

예방 차원에서 커플 또는 예비부부들이 인간의 본성을 알게 되면, 갈등이 확 줄어들고 지금보다 더 편하게 만날 수 있으며 행복해진다. 나는 지금 이런 검사를 해 주고 있고, 앞으로도 지속해서 많이 하고 싶다. 청춘들이 아름다운 사랑을 할 수 있도록.

사랑은 서로를 보완하여 성숙시켜 가는 관계다. 거울과 같은 것이다. 상대를 통해 자신의 아름다운 모습을 봐야 한다. 만약 사랑이 '관계를 위한 관계'에 빠져 자신의 퇴행(退行)을 요구한다면, 그것은 사랑이 아니다. 우리는 상대를 사랑한다면서도 실은 많은 경우 그 상대와 로맨틱한 감정에 놓인 자기 자신만을 사랑하고 있다.

자신에게 물어보라. 연인 관계에서 사랑은 자신인가. 혹은 상대인가. 사랑하는 것이 자신만이라면, 그것은 사랑이 아니다. 최선의 자기와 상대를 만들어 줄 수 있는 그런 사랑이 진정한 사랑이다. 그럴 수 없다고 한다면 사랑할 자격이 없으니 포기하라.

지금까지, 두 개의 모순된 사랑 이야기를 했다. 내일이 없는 것처럼 온몸을 던져 사랑하라고 했고, 또 나를 사랑하지 않는 사랑은 포기하라고 했다. 사랑은 정해진 틀이 있는 것이 아니라 각자가 경험해야만 느낄 수 있으므로 그러하다.

어느 인터넷 기사에서 2015년 9월 미국을 방문한 교황의 마지막 메시지는 '사랑'이라고 했다. 교황은 "삶이란 발이 더러워지는 여정이고, 모든 사람은 더러워진 발을 씻어야 한다. 가족들은 때로 다투기도, 접시도 날아다니고 아이들도 골칫거리가 되고… 그래도 모두 가족의 사랑으로 극복할 수 있다."라고 강조했다.

가정은 '사랑의 공장'을 의미하듯, 결국 사랑은 삶 자체에서 경험한 습관이 되어야 한다.

여러분은 사랑한 적이 있는가, 집착하지는 않았는가?

소통
상대를 아는 만큼 가능하다

사람은 자신의 의지대로 살고 싶어 한다. 하지만 뜻대로 되지 않아 불평도 하고, 때에 따라서는 좌절하기도 한다. 어떻게 하면 내 의지대로 살 수 있을까. 이 질문은 우리 모두의 관심사다. 나도 마찬가지다. 내 의지대로 하는 자유가 좋으니까.

내가 지방의 한 대학에 교수로 재직할 때 겪었던 일이다. 그 지역의 군청에서 장애인 관련 연구보고서를 내게 발주한 적이 있었다. 연구보고서를 작성하기 위해서는 장애인에 대한 실태 파악이 우선 필요했다. 그중 장애인의 정서 실태를 파악하기 위해서는 그들을 직접 만나 면담을 해야 했다.

어느 날 한 장애인협회에 소속된 시각장애인 학생과 면담을 할 계획을 세웠다. 장애인이 협회를 어떻게 운영하고 소통하며 협력하는지 궁금했다. 장애인 학생은 내가 협회에 방문하는 것을 흔쾌히 승낙했다. 내가 협회에 도착하자 그 학생은 협회의 계단을 내려와서 나를 기다리고 있었다. 몸이 불편한 이에게 안내받는 것이 부담스럽고 미안했다. 그래서 내가 먼저 계단에 올라가면서 그의 손을 잡았다. 그는 조금 겸연쩍은 표정을 지으며 말없이 정중하게 내가 잡은 손을 풀었다. 그는 재빠르게 자세를 바꾸어 내 손목 윗부분을 살며시 고쳐 잡고 뒤를 따랐다. 대화를 마치고 나올 때도 나는 조금 전 상황을 잊어버리고 또다시 그의 손을 잡았다. 그때도 역시 그는 내가 잡은 손을 정중히 풀고는 내 손목 윗부분을 잡고 계단을 내려왔다.

이튿날 그 학생에게 감사의 전화를 하면서 그때의 상황과 행동에 대해 조심스레 물었다. 그는 자신의 소신에 의한 행동이었다고 정중하게 대답해 주었다. 남들과 조금 달라 불편한 점이 있긴 하지만 결코 남에게 의존하지는 않으려고 한다는 그의 소신을 나는 미처 헤아리지 못했던 것이다. 미안한 마음이 들었다. 어쨌거나 그날 나는 분명한 깨달음이 있었다. 무조건 내가 먼저 상대의 손을 잡는다고 해서 소통이 시작되는 것이 아니다. 상대가 내민 손을 내가 잡았을 때 소통이 시작되는 것이다. 내가 아무리 진심을 다해 손을 내밀어도 상대가 잡지 않으면 불가능하다.

상황에 올바르게 대처하기 위해서는 상대의 마음을 섬세히 읽어 내는 것이 중요하다. '내가 원하는 것'과 '상대가 원하는 것'이 다를 때가 많기 때문이다.

상대의 마음을 섬세히 알게 되면 결과도 미루어 짐작할 수 있다. 마음이 우울한 사람은 불행을 예견하고, 마음이 악한 사람은 범죄를 내다본다. 이들은 언제나 최악의 것만 눈앞에 있어 현재의 좋은 것을 몰라보고 다가올지도 모르는 재앙의 가능성만 생각하곤 한다.

허황된 이상만을 바라보는 사람은 실제와 동떨어져 이상한 생각을 한다. 그가 말하는 것은 이성이 아니라 이상일 뿐이다. 그 열정이나 변덕에 따라 말하기 때문에 진실에서는 멀리 떨어져 있다. 늘 웃는 사람은 바보이며, 절대 웃지 않는 사람은 음흉한 경우가 많다. 이런 사람들과 인간관계를 할 때는 신중해야 한다.

협상도 소통을 잘하여 상대의 마음을 아는 것이다. 세계적인 협상 전문가 스튜어트 다이아몬드 교수는 협상에 대해 이렇게 말한다. "사람들은 자신이 원하는 것을 먼저 설명하려고 하므로 협상에서 실패한다. 상대방이 진짜로 원하는 것이 무엇인지를 먼저 알아내는 것이 중요하다." 공감이 가는 말이다. 내가 아무리 원해도 상대방이 들어주지 않으면 협상은 이루어지지 않기 때문이다. 상대방이 진짜 원하는 것을 알 수 있다면, 내가 원하는 것과 상대방이 원하는 것의 중간을 제시한다. 그럼 당연히 협상의 성공률은 높아진다.

현대는 설득의 시대다. 인류의 역사가 투쟁과 협상의 기록이 있듯이, 일상의 삶은 경쟁과 협상의 연속이다. 부모와 자식, 기업과 기업, 연인, 친구 사이 등에서 많은 협상을 하게 된다. "내가 당신을 위해 이것을 해 줄 테니, 당신은 나를 위해 이것을 해 달라."가 협상 내용의 대표적인 사례다. 그런데 나를 포함한 대부분의 사람들이 협상법을 잘 모르고 있다. 협상의 열쇠는 내가 아니라 상대가 쥐고 있을 때가 많다는 것을. 상대의 마음을 아는 것이 협상에서 중요한 이유가 바로 여기에 있다. 사람의 마음은 수시로 변하기 때문에 사람의 마음을 알기 위한 의지만으로는 한계가 있다. '인간의 본성'에 대한 더욱 깊은 통찰이 있어야 사람의 마음을 제대로 알 수 있다.

마음을 안다는 것은 단지 마음을 이해하는 수준이 아니다. 그보다 더 깊은 인간 내면을 이해하는 것이다. 상대의 마음을 아는 사람은 자신도 아는 사람이다. 나를 사랑할 수 있는 사람만이 상대를 사랑할 수 있는 것과 같은 이치다.

여러분은 상대를 잘 아는가,
자신은 잘 아는가?

행복
인간관계가 좌우한다

사람은 무엇을 위해 사는가.

인류가 가장 오랫동안 던져 왔던 질문이다. 서양철학의 제2의 아버지인 아리스토텔레스는 말했다. 사람은 행복해지기 위해서 살아간다고.

어떻게 하면 행복해질 수 있을까?

이 질문 또한 던지고 싶었던 질문이다. 사람은 행복해지기 위해서 산다. 그런데 어떻게 하면 행복해질 수 있는지에 대해선 잘 모른다고 한다. 아리스토텔레스의 말이다.

그가 자신의 아들 니코마코스에게 들려준 '행복론'인 『니코마코스 윤리학』은 인간의 삶 전체를 다루고 있다. 이 책의 특징은 인간이 지켜야 할 도덕이나 규범 따위는 거의 문제로 삼지 않왔다는 점이다. 그 대신 '인간이 어떻게 살 것인가'에 대해 다룬다. 우리가 충만하고 후회 없는 인생을 살기 위해서 과연 어떻게 행동해야 할까.

우리는 무엇이 행복이고 행복이 어디쯤 위치해야 하는지를 평소에 어느 정도 알고 있어야 한다. 극단적인 선택이 아닌 중용으로써의 선택을 강조한다. 중용은 가장 적절한 시기에 마땅히 해야 할 말을 하고, 마땅히 할 행동을 취하는 것을 의미한다. 언뜻 보기에는 실천하기 쉬운 것처럼 보이지만, 절대 쉽지 않다. 가장 적절한 시기가 언제이고, 마땅히 해야 할 말과 행동이 어떤 것인지도 알기 어렵기 때문이다.

'갑'과 '을'이 있다. 누가 더 행복할까.

어느 해 봄날 시골 담장에 장미가 아름답게 피어 있다. 장미는 아름다운 꽃이지만 그 꽃 속에 가시도 지니고 있다.

'갑'은 장미꽃보다 꺾다가 찔릴지도 모른다며 가시를 보려고 한다. '을'은 가시보다 아름다운 꽃을 보려고 한다. '갑'과 '을' 중 누가 더 인간관계가 좋을까. '갑'은 상대방의 강점보다도 약점을 보는 사람이다. 매사에 부정적이어서 인간관계가 좋지 않다. '을'은 상대방의 약점보다는 강점을 보는 사람이다. '을'처럼 상대의 강점을 보려고 하는 사람일수록 인간관계가 원만하다.

그렇다고 '갑'이 약점만 있는 것은 아니다. 강점이 얼마든지 있을 수 있다. 동전의 앞뒤와 같은 것이다. 어떤 관점에서 바라보느냐가 중요하다.

그렇다면 '갑'과 '을' 중 누가 더 행복할까. 일반적으로 인간관계가 좋은 '을'이 '갑'보다 더 행복할 것이다. 이렇듯 인간의 행복을 결정하는 가장 큰 변수는 인간관계이다. 그 결과, 인간관계에 특정해서 본다면, 인간관계가 좋은 사람이 나쁜 사람보다는 더 행복할 것이다.

물론 모든 사람과 인간관계를 잘할 수는 없다. 살면서 마주치게 되는 수많은 사람들을 모두 이해할 순 없기 때문이다. 오로지 자신의 이익과 입장만 생각하는 지극히 이기적인 사람이나, 자기 멋대로 지껄이고 행동하는 사람을 이해하는 것은 거의 불가능에 가깝다. 그런 사람까지도 이해하라는 것은 아니다. 소수의 사람과 인간관계를 유지하는 것도 힘들다는 것을 우리는 너무나 잘 알고 있다.

여러분은 인간관계를 어떻게 하고 있는가?

똑똑한 놈
바보 같은 놈과 왜 싸워

여러분은 인간관계를 잘하고 있는가.

현대인은 과거보다 물질적으로 풍요로워졌으나, 인간관계는 매우 빈곤해졌다. 그러나 성공하기 위해서는 인간관계를 잘해야 한다.

인간은 행복의 조건이 있다. 서울대 최인철 교수는 '인간의 행복의 조건'으로 다음 세 가지를 제시한다.

첫째, 인간은 자신의 능력을 인정받을 때 행복을 느낀다. 반대로 능력을 인정받지 못하면 열등감을 느껴 행복하지 못하다. 열등감이 있는 사람에게 능력을 인정해 주어 행복하게 해야 할 것이다.

둘째, 인간은 자연스럽게 행동할 때 행복을 느낀다. 하기 싫은 일을 억지로 하게 되면 행복하지 못하다.

셋째, 인간은 주위 사람들과 좋은 관계를 가질 때 행복을 느낀다. 사람은 관계 속에서 일할 수 있으므로 아무리 좋은 능력이 있어도 관계를 잘 유지하지 못하면 능력을 인정받을 수 없다.

세 가지 중에서 가장 중요한 것은 '인간관계'라고 생각한다. 다른 사람으로부터 자신의 능력을 인정받아도 가족을 비롯한 주변 사람들과 좋은 관계를 갖지 못하면 행복할 수 없다. 돈이나 명예가 행복을 결정하는 가장 큰 변수라고 말하는 사람도 있다. 일리가 있는 말이다. 하지만 아무리 돈이 많아도 주변 사람들과 관계가 나쁜 사람이 행복하다고 말할 수 있을까. 그렇지 않다. 부자 주변엔 사람이 모일 수는 있으나 그 깊이는 알 길이 없다.

사람들과 좋은 인간관계를 가지려면 상대의 마음을 먼저 잘 알아야 한다. 그렇지 못하면 아무것도 알 수 없다. 훌륭한 변호사가 되려면 의뢰인의 마음을 알아야 사건을 수임할 수 있고, 판사의 마음을 알아야 유리한 판결을 기대할 수 있다. 또 커피숍이 잘 되려면 손님이 원하는 서비스를 제공해야 한다. 어디서 무얼하든 상대의 마음에 집중하면 긍정적인 방향으로 관계를 이끌어 나갈 수 있다.

인간관계가 '성공'에 미치는 정도를 조사한 연구 결과가 있다. 캐나다 칼 텐데 학교의 로렌 다이크(Lorraine Dyck) 박사는 다양한 분야에서 성공한 남녀를 대상으로 '당신이 성공한 원인은 무엇인가.'라는 질문을 던졌다. 조사 대상자의 평균 나이는 남자 42세, 여자 39세였다. 연구 결과 1위는 '인간관계'라고 대답을 했고, 실제로도 75%의 성공한 사람이 "인간관계가 원활한 덕에 사업도 성공했다!"라고 인지하고 있었다. 그렇다. 나에게 '삶에서 배워야 할 가장 필요한 것을 하나만 선택하라'고 한다면 망설임 없이 '인간관계의 기술'이라고 답할 것이다. 인간관계의 기술을 제대로 배운다면 연애도 일도 인생도 모두 자연스럽게 할 수 있다.

어느 명문대학을 졸업한 청년이 계속해서 취업 면접에 실패했다. 실망을 넘어서 절망하여 취업을 포기하고 싶어 한다. 이런 친구가 있다면 여러분은 어떤 위로의 말을 해 주겠는가. "마음 아프지. 최선을 다했잖아. 다음에 또 좋은 기회가 있겠지. 그만하면 됐어." 어쩌면 여러분 중에 사랑하는 사람과 헤어져 마음이 아플 때 친구에게 이런 말을 들은 적이 있을 것이다. "그 사람 마음은 이미 떠났어. 집착한다고 달라질 건 없어. 너만 힘들잖아. 더는 집착하지 마."

우리는 일상에서 위로의 말을 주고받으면서 타인을 위로하기도 하고 조언도 해 준다. 하지만 이런 말로 자기 자신을 격려하거나 조언할 수는 없다. 내가 스스로를 향해 "마음 아프지. 최

선을 다했잖아. 그만하면 됐어."라고 말해 주는 것은 큰 위로가
되지 않는다. 하지만 타인이 나에게 건네는 말 한마디는 큰 힘이
된다. 이처럼 타인은 내게 중요한 역할을 하므로 인간관계가 중
요한 것이다. 인간관계를 아무리 강조해도 지나치지 않은 이유가
바로 여기에 있다.

우리는 일상에서 사소한 일로 싸우는 경우가 있다. 한 아버
지가 유치원을 다니는 두 아들에게 이런 질문을 했다. "8 곱하기
8은 64일까? 아니면 70일까?"
두 형제는 이런 쉬운 문제를 내냐고 하면서 서로 자신의 생
각이 옳다고 주장하였다. 형은 64라고 주장하고, 동생은 70이라
고 주장하였다. 이런 경우 여러분들이 심판관이라면 어떻게 하
겠는가. 쉬우면서도 어렵게 생각된다. 어느 심판관이 그중 한 사
람을 데려다가 그 벌로 곤장을 10대를 쳤다고 한다. 곤장을 맞
은 사람은 누구일까. 70이라고 틀린 답을 주장한 동생이 맞았다
고 대부분 생각할 것이다. 하지만 곤장은 64라고 정답을 주장한
형이다. 그렇다면 심판관은 정답을 주장한 형을 왜 혼냈을까. 상
식적으로는 이해가 가지 않는다. 이유는 이렇다. 똑똑한 놈이 어
째서 바보 같은 놈하고 싸우느냐고, 그의 어리석음을 질타한 것
이다. 똑똑한 사람이 어리석은 사람과 싸우면 똑같이 어리석게
된다는 것을 시사하고 있다.

사람들과 좋은 관계를 맺고 싶어 하지만, 아무리 노력해도 되지 않는 사람이 있다. 한마디로 구제불능인 사람이다. 이런 구제불능인 특수한 사람을 제외한 이야기를 했다. 어쩌면 내가 누군가의 구제불능 대상일지도 모르겠다. 누구나 자기 자신은 잘 모르니까.

> **여**러분은 똑똑한 놈과 싸우는가,
> 바보 같은 놈과 싸우는가?

선택
내 뜻대로만 되지 않는다

우리는 순간순간 선택을 하면서 살아간다. 선택할 당시에는 최고를 선택했다고 생각하지만 얼마 가지 않아서 후회를 하는 경우가 비일비재하다. 아무리 신중하고 또 신중했다고 하더라도 마찬가지다. 왜 그럴까.

내가 원하는 것은 상대방이 싫어하고, 상대방이 싫어하는 것은 내가 원하는 경우가 더러 있다. 이러한 갈등은 두 사람의 어리석음에서 비롯된다. 상대의 의견과 취향을 고려하지 않고 자신의 선택만을 고집하여 생긴 갈등인 것이다. 모든 일을 자기 위주로 해석하고 선택하는 것은 어리석은 것이지만 우리는 또 그렇게 살아가고 있다.

「역설적인 간청」이라는 제목의 글이 있다. 이 글은 프랑스 소설가 베르나르 베르베르의 『상상력 사전』이라는 책 내용의 일부로 '송아지'에 대한 이야기다.

어느 시골 농부가 우리 밖에 있는 송아지를 우리 속에 넣으려고 송아지의 목에 있는 고삐를 외양간이 있는 쪽으로 당겼다. 농부는 날이 저물었으니 송아지를 안전한 곳으로 데리고 가고 싶었다. 농부의 마음을 모르는 송아지는 쉽게 끌려오지 않기 위해 네 다리를 땅에 박고 완강하게 버텼다. 농부가 자신에게 해코지한다고 생각했기 때문일 것이다.

이런 광경을 바라본 어린 아들이 아버지에게 그것도 못 하느냐고 비웃듯이 말했다. 아버지는 기분이 나빠져서 아들에게 소를 끌어오라고 시켰다. 아버지는 아들에게 고삐를 넘겨주려고 했지만, 아들은 고삐를 넘겨받지 않고 슬그머니 송아지 뒤쪽으로 갔다. 농부는 아들이 어떻게 하려고 그러는지 무척 궁금했다. 아들은 송아지의 꼬리를 힘껏 끌어당겼다. 얼굴이 빨갛게 달아오를 정도로……

송아지는 아들이 끌어당기는 쪽으로 끌려갔을까? 그렇지 않다. 송아지는 뒤쪽으로 끌려가지 않으려고 하면서 한 걸음이라도 앞쪽으로 가려고 발버둥을 쳤다. 아들은 송아지의 꼬리를 잡아당겼다 놓아주었다 하면서 완급을 조질하며 송아지를 한 걸음씩 한 걸음씩 외양간이 있는 쪽으로 다가가게 했다. 송아지가 외양간 안으로 들어갈 때까지.

아버지는 놀랐다. 어린 아들이 어쩜 저런 생각을 하다니! 아버지는 아들의 기발한 지혜에 감탄했다. 한쪽으로 끌어당겨서 상대가 끌려오지 않자 반대쪽으로 끌어당기는 기발한 생각을 했을까.

요즘 젊은이들은 연애할 때 '밀고 당기기'를 많이 사용한다. 비록 소설 속 얘기이지만, 이 아들은 분명 커서 연애도 잘하고 대인관계도 원만할 것이다.

마찬가지로 내가 원하는 답은 내가 생각하는 것과 정반대에 있는 경우가 있다. 어느 종교인이 필리핀 여행 중 겪었던 일이다. 종교인은 작은 재래시장을 돌아다니던 중 열 살쯤으로 보이는 소녀가 주섬주섬 보따리를 푸는 것을 보았다. 보따리 안에는 여러 색의 종이로 만들어진 종이배가 들어 있었다. 종교인은 떨리는 손으로 종이배 두 개를 고른 뒤 값을 물어보았다. 12루피라고 한다. 12루피는 맛있는 음식 한 끼를 먹을 수 있는 돈이니 꽤 비싼 가격이다. 필리핀 사람들 중에는 종이배를 사는 사람이 거의 없었을 뿐만 아니라 종교인을 신기한 눈빛으로 바라보는 사람들조차 있었다. 따뜻한 감성을 지닌 종교인이었기에 종이배를 사는 것이 가능했을 것이다. 어쩌면 종교인의 마음은 짠했을 것이다. 시장에 하루 종일 서서 종이배를 팔아야 끼니를 이어 갈 수 있는 가난한 집 아이라고 생각했을 테니까.

종교인은 종이배를 사고 나서도 멀찍이 서서 그 소녀를 한참 동안 보았을지도 모른다. 누군가 아이에게 종이배를 사 주기 바라면서. 어쩌면 종이배를 산 사람은 종교인 한 명뿐일 수도 있다. 세상은 그가 생각하는 것만큼 따뜻하지 않으니까.

한 번 생각해 보자. 종교인이 사 준 종이배 두 개 때문에 소녀는 종이배가 더 팔릴 것이라고 착각할 것이다. 종이배를 사 줄 사람이 없을 텐데도 소녀는 내일도 모래도 계속해서 시장에 나올 것이다. 종이배 두 개가 소녀에게 희망이 되어, 밤늦게까지 아니 며칠 동안 종이배를 팔기 위해 헛고생할 수도 있다. 그렇다면 진정으로 소녀를 위해서 종이배를 살 사람이 거의 없다는 것을 `말해 주는 것이 나을 수도 있다. 차라리 집에 있는 장난감이나 헌책 같은 것을 팔아 보라고 하는 게 나을 수도 있다. 이성적으로만 볼 때는 맞는 말이지만, 인간은 비이성적인 경우도 많다. 아니, 오히려 비이성적인 것이 넘쳐 난다. 인간은 비이성적인 것을 감추려고 지극히 이성적인 것처럼 당당하게 주장하지만, 때때로 이성적일 뿐이다.

종이배 같은 건 팔리지 않을 것이라고 굳이 말해 주지 않아도 소녀는 곧 알게 될 것이다. 며칠 동안 늦게까지 종이배를 팔다 보면 더는 팔리지 않는다는 것을 저절로 깨달을 깃이기 때문이다. 게다가 아무도 거들떠보지 않는 종이배를 사 준 눈빛 선한 아저씨에게 고마움을 느낄 것이다. 아무도 사지 않는 종이배를 아저씨는 왜 샀을까 하고 생각도 해 볼 것이다. 결국 아저씨가 종이배를 사 간 이유는 바로 '사랑'이었음을 알게 될 것이다. 그렇다면 종교인은 종이배를 팔러 나온 아이의 가슴속에 '긍정의 빛' 한 줄기를 심어 준 것이다.

세상에는 오직 자기만 생각하는 이기적인 사람만이 있는 것이 아니라, 자신보다 어려운 사람을 돕는 사람도 있다는 것을 알게 될 것이다. 이것이야말로 종이배 두 개로 파도치는 세상을 살아가는 데 도움이 되는 믿음을 준 것이다. 이것을 장난감이나 책몇 권과 바꿀 수 있는 몇 푼의 돈과 비교할 수 있겠는가.

종이배를 사 준 종교인은 이성보다 감성이 발달한 사람이다. 종이배를 살 사람이 거의 없으니 차라리 장난감이나 헌책 같은 것을 팔아 보라고 현실적으로 도움을 줄 것을 제안할 수 있는 사람은 감성보다는 이성이 발달한 사람이다.

인간의 뇌를 연구하는 사람들에 따르면, 이성적인 사람은 좌뇌가 발달하였고 감성적인 사람은 우뇌가 발달하였다고 한다. 이성적인 사람은 주어진 상황의 전후 사정을 고려하지 않고 곧이곧대로 해석한다. 감성적인 사람은 주어진 상황을 곧이곧대로 해석하지 않고 전후 사정까지 고려해 유연하게 해석한다.

지나치게 이성적인 사람은 건조해질 수 있고 지나치게 감성적인 사람은 감상에 빠질 수 있으므로 이성과 감성의 조화로운 균형을 이루는 것이 좋다. 종교인이 주었던 작은 사랑은 험난한 삶을 살아가야 할 필리핀의 소녀에게 '희망'의 빛이 될 수 있는 선택의 길을 열어 준 것이다.

여러분은 원하는 것을 어느 정도 선택하고 있는가?

마음
바늘구멍인가 우주인가

인간관계에서 타인의 심리를 파악하는 것은 매우 중요하다. 또 관계를 매끄럽게 발전시키는 데도 유익하다. 하지만 상대방의 심리를 아는 것이 쉬운 일은 아니다.

사람의 심리란 어떤 것일까. 나는 심리에 대한 해답을 찾고자 많은 시간을 투자했다. 무엇보다도 나와 직간접적으로 알고 있는 사람들을 통해 인간을 탐구하는 것이 가장 현명한 방법이라고 생각했다. 하지만 사람들과의 만남에도 한계가 있어 독서를 통한 탐구가 더 필요했다.

오랜 세월이 지났음에도 독자들의 사랑을 받는 책들이 많이 있다. 특히 문학작품 속엔 각양각색의 성격을 가진 인간들이 있고 사건이나 상황이 나오기 때문에 인간을 탐구할 수 있는 귀한 자료가 된다. 그뿐인가. 심리학 등 여러 분야에서 인간과 관련된 서적도 탐구했다. 이런 것들이 매우 중요한 것은 사람의 마음을 알려면 심리학 지식도 필요했기 때문이다.

나는 독자들이 이 책을 통해서 마음을 헤아리고 움직이는 데 실질적인 도움이 되는 기술을 얻었으면 한다.

사람의 마음을 아는 기술이란 삶을 살아가는 데 가장 유용하고 근본적인 처세이다. 휴대전화와 인터넷 메일 등 전자 기기의 발달에 따라 사람을 대하는 방식과 태도에 변화가 생겼다고 지적되는 부분도 있지만, 사람의 마음을 아는 기본 원리는 전혀 변하지 않았기 때문이다.

상대를 능숙하게 칭찬하는 사람은 그것만으로도 좋은 평판을 얻을 수 있고, 약속을 철저하게 지키는 사람은 비즈니스에서 신용을 얻기가 쉽다는 기본 원리는 아무리 사회와 시대가 바뀌어도 변하지 않는다. 그래서 사람의 마음을 아는 기술을 배워야 한다. 사람의 마음을 아는 기술은 언제 어떠한 때라도 퇴색하지 않고 도움이 되니까.

어떻게 하면 사람을 기쁘게 할까.
어떻게 하면 사람을 있는 그대로 볼 수 있을까.
어떻게 하면 사람을 즐겁게 할 수 있을까.
어떻게 하면 상대의 마음을 공감해 줄 수 있을까.
어떻게 하면 사람을 만족하게 할 수 있을까.

어떻게 하면 상대를 지적하지 않을 수 있을까.

위에 나열한 것들은 인간의 노력을 통해 얻을 수 있는 '감정의 습관'이다. 독자들에게 하고자 하는 이야기는 '감정의 습관'처럼 표면적인 것이 아니라 인간 마음의 본질에 대한 것이다. 마음의 본질은 '인간의 본성'이다. 이것에 대한 깊이 있는 통찰이 없다면 사람의 마음을 알 수 없다. 사람의 마음을 알지 못해서 생기는 갈등들, 학생의 진로, 부부나 조직의 갈등에서 문제를 해결하기란 쉽지 않다. 일반적으로 상담을 할 때 '감정의 습관'에 관심을 두고 상담을 한다. 그러나 나는 상담을 할 때 '인간의 본성'에 관심을 갖고 상담을 했기 때문에 비교적 쉽게 문제 해결을 했다. 이런 상담 과정을 통해서 나 자신과 내담자의 생각을 통찰할 수 있는 계기가 되었다.

마음이란 참으로 묘해서, 넓게 쓰면 우주를 다 덮고도 한 자락 남는 게 마음이지만, 좁게 쓰기 시작하면 바늘 하나도 들어갈 자리가 없다. 어쩌다 기분이 좋을 때는 모든 게 다 용서되지만, 뭔가 짜증 날 때는 누가 조금만 건드려도 폭발한다. 정말 마음대로 안 되는 게 마음이다. 자신의 마음도 모르는데 하물며 다른 사람의 마음을 어찌 알겠는가. 그래서 사람의 마음을 아는 것이 어려운 것이다. 하지만 해답은 있다.

우리가 알아야 할 사람의 마음을 사과라고 한다면, 그 사과를 열게 하는 뿌리에 관심이 있어야 한다. 꽃병의 장미꽃은 화려하지만 뿌리가 없으니 기껏해야 며칠밖에 피어 있지 못한다. 땅속 깊숙이 뿌리내린 장미 나무는 겨울의 악조건도 이겨 내고 봄에 꽃을 피운다. 뿌리가 있으면 적절한 시기에 꽃을 피우고 열매도 맺는다. 우리는 일상에서 뿌리보다 열매에 관심이 많다. 열매가 작거나 썩어 있으면 버럭 화도 낸다. 뿌리가 있어 다시 알찬 열매가 맺을 수 있다는 것을 잊고 갈등하며 불행하다고 생각한다. 마음은 장미꽃처럼 단순하지 않다. 인간은 생각이 감정에 따라 뒤엉켜 있어 복잡하다.

순자는 물과 불은 기(氣)가 있지만 생명이 없고, 풀과 나무는 생명이 있지만 지각이 없고, 짐승은 지각은 있지만 올바름이 없고, 오직 사람만이 기가 있고 생명이 있고 지각이 있고 올바름도 있다고 했다. 천하에서 가장 귀한 것이 인간이라는 이유다. 동식물에 없는 지각과 올바름이 인간에게 있기 때문이 아닐까. 인간은 지각하기 때문에 생각이 있고, 생각하기 때문에 통찰이 필요하다.

사람의 마음을 어떻게 통찰할 것인가. 호랑이를 잡으려면 호랑이 굴에 들어가라는 말이 있다. 호랑이가 좋아하는 먹이는 무엇이고, 좋아하는 장소와 자주 다니는 길목은 어떤 곳이고, 가장 무서워하는 것은 무엇이고, 먹이 활동을 하는 시간과 잠자는 시간은 언제인지 등을 먼저 파악해야 한다. 사냥꾼이 총을 쏘는 것보다 더 중요한 것은 사냥꾼 자신이 멧돼지의 행동과 결과를 예측한다는 것이다. 이는 삶의 방향과 목표 설정에 관련한 비유이다. 자신의 삶을 통찰하기 위해서는 자신에게 수많은 질문과 대답을 해야 한다. 그렇다고 생각이 완전한 것도 아니다. 아니, 전혀 다를 수도 있다. 인간은 삶의 조건이 달라질 때마다 생각이 변할 수 있고, 관점에 따라서 생각이 달라질 수 있다. 이런 여러 가지 이유로 나만이 가지고 있는 틀 속에서 생각을 말한다. 어쩔수 없다. 나와 다른 사람을 연기해야 하지만 나로부터 출발할 수밖에 없는 배우와 같다.

글은 엄격한 객관성이 있어야 한다. 하지만 제아무리 객관성을 가졌다 해도 나의 주관이 개입될 수밖에 없는 것이 글의 운명이 아닐까. 글을 객관적으로 쓰면 마음이 바늘구멍처럼 작아진다. 다른 사람의 눈치를 봐야 하니까. 반대로 주관적으로 쓰면 우주처럼 커진다. 다른 사람의 눈치를 보지 않으니까.

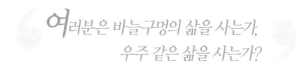

여러분은 바늘구멍의 삶을 사는가,
우주 같은 삶을 사는가?

시간
없다는 것은 핑계다

　　여러분은 혹시 교수가 한가한 직업이라고 생각하는가? 교내 조교를 맡은 학생들이 하나같이 하는 말이 있다. 교수가 무척 한가한 직업이라고 생각했는데 가까이서 보니 무척 바쁘다는 것이다. 물론 교수마다 다르겠지만, 대개 그렇다.

　　내 입으로 말하기는 조금 그렇지만 나도 바쁜 축에 속한다. 강의도 해야 하고, 학생 진로와 취업상담, 복지관 운영위원과 사례관리 슈퍼바이저, 학회나 세미나 참석, 노인 학대 관련 기관에서 사례회의 상담과 각종 행사 참석, 노인 학대 관련 라디오 방송, 부부 갈등과 자녀 갈등을 상담하다 보면 시간이 어떻게 가는지 모르겠다.

　　건강 관리를 좀 해야 하지 않느냐고 사람들이 안부를 물을 때마다 나는 "네. 그렇긴 한데 너무 바빠 시간이 없어요."라고 대답한다. 말만 그런 것이 아니라, 실제 내 생활이 그렇다고 생각했다. 너무 바빠서 다른 일은 할 시간이 없다고 했다. 그런데 '시골의사'라는 별명으로 유명한 경제평론가 박경철 씨의 인터뷰 기사를 읽으면서 생각이 180도로 바뀌었다.

그의 한마디에 수십만 명이 주식을 매매할 만큼 그는 영향력 있는 사람이다. 그래서 그만큼 그는 바쁘다. 매일 아침 2시간씩 라디오 방송을 진행하고, 주 1회 TV 프로그램을 진행하는 방송인이기도 하며, 신문과 잡지에 고정 칼럼 쓰는 칼럼니스트로도 활동한다. 전국을 누비며 하는 강연, 토요일엔 반드시 안동에 내려가 진료한다. 그뿐인가. 매년 1~2권의 책을 펴내는데, 그의 책들은 항상 베스트셀러 반열에 오른다.

그 비결이 뭘까. 어느 잡지와 인터뷰에서 그는 이렇게 말했다.

"2000년 0시를 기해 전 다섯 가지를 끊었다. 술, 골프, 담배, 유혹, 도박이다. 이 중 금연이 마지막까지 잘 안 되었다. 그래도 술 안 먹고 골프 안 치고 딴 마음 안 먹으니까 시간이 많이 남아 그 시간에 책 보고 글을 쓴다. 화장실, 이동하는 차 안 등에서 토막 시간마다 읽는 책이 하루 한 권 정도다. 매년 책 한 권씩 내는 것이 목표이기 때문에 매일 200자 원고지 20~30장 분량의 글을 쓴다. 이렇게 생활하다 보니 1인 다역이 가능하다. 내가 가장 싫어하는 말이 '시간 없다.'라는 말이다."

특히, 자신이 가장 싫어하는 말이 '시간 없다.'라는 말이라고 밝힌 마지막 부분을 읽을 때 나는 방망이로 머리를 한 대 얻어 맞은 것 같았다.

우리는 왜 시간이 없을까. 박경철 씨 말대로 술 마시고, 골프 치고(학생이라면 게임이나 인터넷), 이런저런 유혹으로 황금 같은 시간을 다 날려 버리는 것이 아닐까. 나도 그랬다. 시간이 없다고 하면서도 상당한 시간을 그렇게 허비했다. 쓸데없이 보내는 시간이 많은데도 '너무 바쁘다'라는 핑계를 됐다. 지금 이 글을 읽는 여러분은 어떠한가? 혹시 '시간 없어서' 해야 할 일을 못 하고 있지는 않은가.

'성공한 사람의 하루는 25시간, 실패한 사람의 하루는 23시간'이라는 말이 있다. 성공과 실패는, 결국 하루 24시간을 어떻게 보내느냐와 관련이 깊다. 내가 시간관리를 잘했다고 하는 것은 아니지만, 나도 어려운 환경에서 나름대로 시간을 분배해 교수라는 직업을 갖게 되었다. 내가 그동안 터득한 간단한 노하우 몇 가지를 적어 보고자 한다.

일반적으로 미리 계획을 짜고 그것을 잘 실천하는 것이 시간관리를 잘하는 것이라고 생각한다. 하지만 그보다 중요한 것은 분명한 '목표 의식'이다. 목표는 자신이 좋아하고 잘할 수 있는 것이어야 열정을 갖고 꾸준히 실천할 수 있다. 이때 다른 사람이 정해 준 목표는 배제하는 것이 좋다. 특히, 학생이라면 더욱 그러하다. 진로상담이 중요한 이유가 여기에 있다.

그다음에, 시간관리의 우선순위를 정하는 것이다. 아무 일도 하지 않는 것이 무조건 나쁜 것은 아니다. 아플 때는 푹 쉬어서 건강을 빨리 되찾는 것이 무엇보다 중요하다. '수학 공부 몇 시간, 영어 몇 시간…' 이런 식으로 짠 '계획을 위한 계획'은 아무런 의미가 없을 뿐만 아니라 중간에 포기할 가능성이 아주 높다.

그래서 시간관리를 할 때 우선 구체적이고 분명한 목표를 세워 일의 우선순위를 정해야 한다. 우선순위를 정한다는 것은 용기 있게 포기하는 것이다. 그 포기는 분명한 목표가 있을 때 가능하다. 이것도 중요하고, 저것도 중요하다는 식의 태도는 옳지 않다. 곁가지가 많은 나무는 큰 나무가 되지 못한다. 여기저기 허투루 쓰는 시간이 많으면 큰 꿈을 이룰 수 없다. 마찬가지로 우리의 시간도 냉정하게 구조조정을 해야 한다.

그렇다면 무엇을 먼저 포기해야 할까. 시간을 때우기 위해 하는 의미 없는 취미 활동 등은 청산하여야 한다. 자신의 시간을 훔쳐 가는 시간 도둑을 잡지 못하면, 우리의 시간을 의미 있는 것들로 채우기 어렵다.

과감하게 버려야 할 행동은 크게 세 가지로 나뉜다. 첫째, 습관적으로 하는 행동, 둘째, 되도록 하지 않으려는 행동, 셋째, 되도록 하려는 행동이다.

우선, 습관적으로 하는 행동, 즉 무의식중에 버릇처럼 하는 행동을 자제해야 하는데, 가장 어려우면서도 중요하다. 가장 많은 시간을 낭비하는데도 온갖 이유를 들어 자신을 합리화하기 때문에 가장 고치기 어렵다. 하지만 내가 어떤 목표를 성취하고자 한다면 좋지 않은 습관을 먼저 과감히 버려야 한다.

내가 공무원으로 근무할 당시 나는 토·일요일의 대부분을 고스톱에 푹 빠졌었다. 월요일 새벽까지 고스톱을 치고 눈이 빨개진 상태로 출근한 적도 있었다. 가족들과 여름휴가를 가서도 고스톱을 쳤다. 처음에는 재미로 고스톱을 쳤지만, 어느 순간부터는 그만둘 수 없어서 치게 되었다. 고스톱이 나를 지배하게 된 것이다. 처음에는 재미삼아 했던 일들이 차츰 의미 없는 습관이 되어 버렸다. 그런데도 몸에 익숙해지자 어느 순간부터는 중독돼서 끊지 못할 지경이 되어 버렸다. 그때 참 적지 않은 액수의 돈을 고스톱으로 잃었다. 가족들은 또 얼마나 싫어했을까. 나쁜 습관으로 굳어져 끊지 못했던 고스톱, 막상 큰 즐거움도 주지 못하고 내 미래를 위해서도 아무것도 남겨 주지 못했던, 그저 버려진 시간들……. 지금 생각해 보면 돈도 돈이지만, 그 시간들이 아까워서 견딜 수가 없다.

요즘 젊은 학생들은 많은 시간을 웹서핑을 하거나 게임을 하면서 보낸다. 어찌 보면 내가 고스톱으로 허비했던 시간과 같을 것이다. 과감하게 끊어라. 특히, 게임은 반드시 끊어라. 먼 훗날 돌이켜봤을 때 후회의 눈물을 흘리지 않도록…….

의미 없는 습관으로 굳어진 취미를 '삶의 유일한 즐거움'이란 식으로 합리화하지는 말자. 세상에서 가장 큰 즐거움은 무엇인가. 성장하는 즐거움이다. 성장에 꼭 필요한 '시간'을 빼앗는 일이 즐거움의 뿌리가 되어서는 안 된다. 무의미하게 반복되는 시간 때우기는 이젠 그만두자.

내가 평소 가능하면 하지 않으려는 행동과 하려는 행동의 일부이다. 나는 인터넷 기사보다는 신문 읽기를, 운전보다는 걷기를, 게임보다는 독서를, 헬스보다는 등산을, 늦잠보다는 토막잠을, 잡담보다는 상담을 택했다.

우리는 일상에서 '모호한 10분' 시간들이 자주 있다. 뭔가 새로 하기는 귀찮고, 그렇다고 가만히 있기는 지루한 시간, 지하철을 타고 이동하는 시간, 친구를 기다리는 시간…… 이런 시간들을 어떻게 유용하게 쓸 수 있을까.

요즘 사회는 바쁘다. 끊임없이 약속이 생기고 어디론가 가야 한다. 조각조각 토막 난 자투리 시간만 남게 되는 것이다. 그렇다면 결국 시간관리는 '자투리 시간을 어떻게 쓰느냐'에 달려 있다. 충분한 시간이 날 때까지 기다리지 말고 틈틈이 나는 시간을 잘 활용하자.

이를 위해 가장 먼저 '10분 전후로 해결할 수 있는 것은 지금 바로 해결하려는 자세'가 있어야 한다. '이따가 해야지.'라고 생각하고 실제로 실천하는 경우는 별로 없다. 지금 하기 싫은 것은 이따가는 더 하기 싫어지기 마련이다. 저런 생각은 게으른 자의 핑계에 불과하다. 그보다는 지금 바로 끝내 버리는 편이 마음 편하다. 스트레스도 훨씬 쌓이지 않는다. 만약 처리하지 않으면 계속 머릿속에 남아 있기에 다른 일도 잘 되지 않고 스트레스만 받게 된다.

그런데 이런 방식도 약점이 있다. 매사에 이런 식으로 일을 처리하다 보면 중요한 일보다는 귀찮은 일을 먼저 처리하게 되기 때문이다.

그러니 딱히 할 일이 없을 때 할 수 있는 일을 항상 가지고 있어야 한다. 내 경우에 애매한 시간에는 주로 신문을 읽는다. 지옥 같은 아침의 지하철 안에서 사람들 틈바구니에 끼어서도 신문을 읽는다. 신문을 넘기다가 옆 사람 얼굴에 신문이 스쳐 짜증을 낼 때면 미안한 생각이 들지만 그냥 버리기엔 그 시간이 너무 아깝다.

자투리 시간에 할 수 있는 가장 유용한 것 중 하나는 '자신의 본성을 아는 것'이다. 자신이 누구인지 아는 것은 자신의 역량을 긍정적인 방향으로 이끌고 가는 데 도움이 된다. 특히, 젊은이들은 자기가 진정으로 좋아하고 잘하는 것이 무엇인지 잘 모르고 있다. 그러다 보니 스펙을 쌓느라 정신이 없다. 항상 바쁘게 열심히 생활하고, 스펙도 제법 쌓았다고 자부하지만, 다른 경쟁자들과 별로 다를 바 없다.

자신의 본성을 알지 못하면, 앞으로 어떤 사람이 될 것인가에 대한 목표 의식도, 지금 내가 하고 있는 것에 대한 현실 인식도 할 수 없다. 그래서 하루에 단 10분이라도 자신을 돌아볼 수 있는 시간을 가져야 한다. 1~2시간 이상 긴 시간이 날 때까지 기다리지 말고, 자투리 시간을 잘 활용하자.

"내가 꼭 해 보고 싶은 일이 있는데 시간이 없어서 못 하고 있어. 하지만 나중에 반드시 할 거야."

우리 주위에는 이렇게 말하는 사람이 대부분이다. 하지만 시간적인 여유가 있을 때 계획하던 그 일을 실천한 적이 있는가. 가슴에 손을 얹고 생각해 보자.

나도 마찬가지다. 공무원 시험 공부할 때 한창 바쁘니까 하고 싶은 일을 하지 못했다. 공무원 시험만 합격하면, 시간을 내서 전국을 일주하는 여행도 하는 등 거창하게 계획을 세웠다. 하지만 정작 공무원 시험에 합격하고 나서 여행 한번 제대로 간 적이 없다. 이런 일은 선생이 된 지금도 같다. "이번 방학에는 꼭 책 한 권을 써야지." 하고 다짐을 했건만, 이것저것 하다 보면 곧 개강이다. 여러분은 어떠한가.

아마 여러분들도 나와 마찬가지일 것이다. 휴학을 마치고 돌아온 학생을 면담하면서 얼마나 즐겁게 지냈냐고 물어보면 대답이 거의 대동소이하다. 한 것도 없는데 어쩌다 보니 시간이 후딱가 버렸다고 한다. 일상에서 이런 비슷한 일들이 반복된다. 분명 한가한 시간인데 오히려 아무 일도 하지 못했다.

왜 이런 현상이 반복될까. 한가하면 당연히 시간이 더 많을지 몰라도 그만큼 시간관리의 의지도 함께 줄어들어 아무 일도 하지 못하는 경우가 많다. 그런 면에서 역설적이지만, 바빠야 오히려 시간이 난다는 것이다. 바빠야 비로소 하고 싶은 일의 소중함이 절실하게 느껴져 시간관리가 제대로 이루어진다. 결국 시간은 '있느냐 없느냐'의 문제가 아니라 시간을 어떻게 활용하느냐의 문제인 것이다.

여러분은 시간 없다는 핑계를 댄 적이 있는가?

오늘
힘든 하루인가 소중한 하루인가

누구나 행복해하고 싶어 하지만 행복하냐고 질문하면 선뜻 대답하지 못한다. 그만큼 행복하기가 쉽지 않다는 것이다.

어느 국가기관에서 '행복'이라는 주제로 특강을 했다. 첫마디에 "행복하세요?"라고 물었다. 별로 행복하지 않은 표정으로 '너는 행복하냐'는 표정을 짓는다. 다시 물었다. "행복해지고 싶으세요?" 그렇다는 표정이다.

누구나 행복해지고 싶어 하지만 무엇이 행복이고 어떻게 해야 행복한 것인지 막연하다는 것을 새삼 실감하였다. 흔히 목표를 성취하는 것이 행복이라고 생각하는 경우가 많다. 그러나 그렇지 않다는 경우도 있다는 이야기를 하고자 한다.

고향에 사는 막내 동생의 전원주택에는 밝은 빛을 내서 모기들을 유인한 뒤 전기충격으로 죽게 만드는 장치가 있다. 이미 바닥에 죽은 모기들이 많고 계속 찌직 소리를 내며 모기들이 죽어 가고 있는데도 수많은 모기는 불빛을 향해 돌진한다. '주광(走光) 효과'이다. 목숨을 잃을지언정, 빛을 보면 숙명처럼 달려들게 되어 있다.

'주광(key Light)'은 영화 촬영에서 연출가들이 쓰는 가장 중요한 조명으로 물체의 모습을 밝게 비추는 역할을 하지만 반드시 필요하지는 않다. 주광을 생략하면 실루엣 효과가 있어 밝게 비치는 것을 차단하게 된다. 이처럼 우리의 삶도 목표를 향해 돌진만 할 것이 아니라 잠시 멈추다 가는 여유가 있어야 행복함을 느낄 수 있다는 것을 알아야 한다.

불빛에 뛰어들어 타 죽는 모기가 참 바보 같다고 생각될 것이다. 하지만 지난 일들을 돌이켜보면 우리도 다르지 않다. 어쩌면 더하다. 욕망의 빛을 향해 달려가다가 소유를 위해 꽉 움켜쥔 주먹을 펴서 버리지 못하다고 일생을 망치는 사람들이 얼마나 많은가?

남부럽지 않은 명예나 돈 혹은 권력을 가져 성공했다고 부러움을 받던 사람들이 스스로 목숨을 끊었다는 소식을 접하면 우리는 당혹스럽다. 아니 그런 큰 성공의 근처에도 가 보지 못한 우리로서는 허탈하다. 방송과 언론에서는 다양하게 해석하지만,

그 결과가 어떠하든 확실한 것은 명예나 돈이나 권력이 사람을 진정으로 행복하게 하지만은 않다는 것이다. 그것이 필요 없다는 말이 아니다. 행복하게 해 줄 때도 있으니까.

공자는 "사람들이 얻기 전에는 못 얻을까 걱정하고, 얻고 난 다음에는 또 그것을 잃지 않을까 걱정한다."라고 했다. 어떻게 하면 많은 돈을 벌 수 있을까 전전긍긍하다가 큰돈을 벌고 난 뒤에는 또 이제부터는 어떻게 하면 이 많은 돈을 다른 사람들이나 국가에 빼앗기지 않고 지켜 낼 수 있을까 고민하는 것이 부자들의 일반적인 모습 그대로다.

요즘 '행복'이 화두다. 이것은 놀라운 변화 같지만 당연하다. 우리나라는 모든 국민이 더 많은 돈, 더 큰 권력, 더 높은 성취를 위해 앞만 보고 달려온 끝에 세계에서 유례를 찾아보기 힘들 정도로 가장 빨리 고도성장을 이루었다. 성공하면 그게 바로 행복해지는 것이라고 믿었기 때문에 그동안 '행복'이라는 단어는 사치에 불과했다.

하지만 그게 아니었다는 깨달음이 커지면서 행복을 이야기하는 사람들이 부쩍 늘었다. 일상에서 선물로 '만 원의 행복 패키지!' 혹은 대중교통과 함께하는 '3,000원의 행복 담아 가세요!' 등의 이벤트가 있을 정도다.

자신은 지금 행복한가. 자신 있게 '그렇다'고 답할 수 있는 사람이 흔치 않다. 사실 행복이란 굉장히 유동적인 개념이며 현상이다. 인간은 이미 가지고 있는 것에 대해서는 만족을 느끼지 못하기 때문에, 아무리 행복한 요소를 많이 가지고 있더라도 시간이 지나면 그것들은 더는 행복감을 주지 못한다. 게다가 사람에 따라서 행복 요소는 모두 다르고, 심지어는 같은 사람에게도 감정의 변화에 따라 그 행복의 조건은 시시각각 달라진다.

또 행복이란 매우 상대적이다. 그냥 얼마나 많이 가졌느냐가 아니라, 다른 사람보다 얼마나 더 많냐가 훨씬 중요하다. 비교할 때도 자신보다 다른 사람의 행복을 과대평가한다. 자신이 갖고 있는 것을 넘어서는 데 초점을 맞추어 판단하는 초점주의(focalism) 때문이다. 우리는 종종 초점주의에 빠져 스스로 불행하다고 진단한다.

행복이라는 말이 오늘의 '쾌락'의 의미로 주로 쓰는 것은 물질의 차원에서 보기 때문이다. 메트로도로스(Mētrodōros)는 행복의 원인은 물질에서 생기는 것보다 우리 자신으로부터 생기는 것이 더 크다고 말한다. 행복한지 불행한지는 그 사람의 마음에서 비롯되며, 외부의 모든 것은 결국 간접적으로 행복이나 불행에 영향을 주기 때문이 아닐까 싶다.

이러한 여러 가지 이유로 '나는 행복하다'고 느끼는 사람은 많지 않다. 아주 많이 가진 사람도 계속해서 주변보다 더 많이 가져야 하므로 행복하다고 느끼지를 못한다. 오죽하면 『도덕경』에 '넘치는 것이 인간을 행복하게 하기는커녕 오히려 불행하게 만든다'는 '풍요의 불행'이라는 말이 있을까.

요즈음 사람들이 가장 힘들어하는 것이 청춘들은 취업, 퇴직을 앞둔 직장인은 퇴직 후의 생활이다. 보통 청춘들은 미래에 대한 기대가 하늘을 찌를 듯한데, 우리 사회는 치열한 경쟁과 취업난으로 그렇지도 않다. 오히려 '이렇게 가다가 내 스펙으로는 낙오될 것만 같다.'라는 불안감과 절망에 빠진다.

이것이 청춘들의 실상이다. 오늘의 청춘이라면 이 불안감에서 어느 사람도 자유롭지 못하다.

자신은 지금 불행한가? 힘든 것은 부정적인 것이 아니다. 현재 상태가 최악이라고 생각하면 올라갈 일밖에 없다. 어떻게 해석하느냐가 중요하다. '힘들 때는 자기보다 못한 사람들을 내려다보고, 잘 나갈 때는 자기보다 높은 사람을 올려다보라.'는 말이다. 달리 말해, 힘들다고 포기하지 말고, 잘 나간다고 우쭐하지 말라는 것이다.

주위 사람들을 돌아보라. 아직도 우리 사회는 '청춘들의 포기'조차 부러워하는 사람들이 얼마나 많은가. 연로하신 어르신들이 한글을 몰라서 만학(晚學)의 꿈을 불태운다는 신문기사도 종종 본다. 그뿐인가. 생활고에 쫓겨 자격 조건은커녕 생존을 걱정해야 하는 사람들이 여전히 많다. 이들에게는 청춘들의 힘겨운 오늘이, 자신은 한 번도 누려 보지 못한 허세로 보이지 않을까.

　"수도원과 감옥의 차이는 감사와 불평에 있다."라는 말이 있다. 그렇다. 감사에 행복의 길이 있다. 바로 자신에게 달려 있다. 그러나 허약한 이성과 인간의 또 다른 동물성의 본성에 패배하기 때문에 행복은 우리에게서 가까우면서도 멀리 있다.

　　여러분은 오늘이 힘든 하루인가,
　　소중한 하루인가?

’ 인간의 마음은
생각보다 깊다 ’

분노
나를 삼켜 버린다

    요즘 화를 잘 참지 못하는 사람들이 많아진 것 같다. 얼마 전 30대 남자가 여자 친구의 옷에 휘발유를 뿌리고 라이터를 켜서 협박하다가 경찰에 붙잡혔다. 두 달가량 사귀던 여자 친구로부터 헤어지자는 말을 듣고 관계 회복을 위해 설득하던 중 벌어진 일이다. 그는 여자 친구가 "나보고 어쩌라고!" 소리치며 신경질적인 반응을 보이자 화가 나서 범행을 저질렀다고 경찰에 말했다. 연인 사이의 사소한 갈등에서 비롯된 일이라기엔 남자 친구의 행동이 과도하게 폭력적이고 공격적이었다.

    분노가 밖으로 향하면 타인에 대한 폭력으로 이어지지만, 분노가 자기에게 향하면 자신에 대한 폭력으로 이어진다. 지난 4월 충북지방경찰청 고속도로순찰대는 부부싸움 뒤 홧김에 부인과 100일 된 아들을 강제로 차에 태우고 스스로 목숨을 끊으려던 30대 남자를 구조했다. 남편은 부인과 밤새 다투고 아침에 목숨을 끊겠다며 모자를 강제로 차에 태우고 집을 나섰다. 딸에게 이 같은 상황을 전해 들은 친정아버지의 신고로 큰 화는 면할 수 있었지만 남성의 우발적 분노로 인한 행동이 자칫하면 자신과 죄 없는 가족들의 목숨까지 앗아갈 뻔했다.

이처럼 자살도 충동적으로 홧김에 시도하는 경우가 많다. 분노가 자신을 삼켜 버린 것이다. 분노를 조절할 수 있어야 정서적으로 안정적인 삶을 살 수 있다. 분노를 다스릴 수 있는 절제와 현명함이 있어야 가정과 직장에서의 많은 갈등을 피할 수 있다.

분노의 대부분은 '내가 옳은데 왜 내가 피해를 봐야 하느냐'라는 마음에서 시작된다. 또 상대가 바뀌면 모든 게 해결될 텐데 상대는 절대 안 바뀐다. 하지만 이런 '옳고 그름'을 따지는 것이나 상대가 변화를 바라는 것은 갈등 해결이나 관계를 발전시키는 데 아무런 도움이 되지 않는다. 이것을 이해하는 것이 분노 조절의 첫 단추다.

화가 나면, 일단 피하라. 패가망신할 수도 있는 상황을 일단 피하는 것이 상책이다. 피한 뒤에 생각을 정리하라. 정말 화를 낼 만한 일인지, 내가 상황을 오해한 것은 아닌지 차분하게 따져 보는 것이다. 그다음, 분노 폭발의 결과를 예측해 본다. 한바탕 퍼붓고 나면 일순간 후련할지는 몰라도 문제 해결엔 도움이 안 된다는 걸 알게 될 것이다.

세브란스병원 정신건강의학과 남궁기 교수는 "분노를 제대로 조절하려면 폭발 전에 알아채고 '타임아웃'에 들어갈 수 있는 연습이 필요하다."라고 말했다.

그렇다면 과연 화는 어디서 올까.

화를 내고 험한 말을 쏟아 내어 자신의 폭력성을 과시하고자 하는 것은 오히려 자신을 숨기려 하는 나약함에서 나온다. 따라서 현명하게 자신의 의사를 표현하는 기술을 배워야 한다. 직접적이고 솔직하게 남의 입장을 배려하는 화법으로 말할 때 진정 내가 원하는 것을 얻을 수 있다는 것을 깨달아야 한다. 상대를 비난하거나 자존심에 상처를 입히면 당장은 이긴 것 같아도 내게 남는 것은 아무것도 없다.

또 오늘 일은 오늘로 끝내야 한다. 묵은 감정의 찌꺼기는 또 다른 분노를 낳는다. 상황에 대한 원망이나 자책은 상대에 대한 증오심만 키울 뿐이다.

나는 괜찮은 사람임을 자각해야 한다. 이는 근거없는 자만심과는 전혀 다르다. 나를 있는 그대로 보고 부족한 점까지도 받아들이며, 나 자신을 있는 그대로 사랑하는 '자기 존중감'을 가져야 한다. 자기 존중감으로부터 분노를 조절할 힘을 얻을 수 있다. 인정받고 싶은 욕구가 지나치게 강하거나, 목표의식이 너무 높으면 오히려 병적인 열등감을 만들어 자존감을 떨어트릴 수 있다.

"사람들이 악하다고 말하지 마라. 근처에 있는 바늘을 찾으면 된다."는 말이 있다. 프랑스 철학자 알랭(Alain)이 한 말이다.

악한 사람이 있다면 그 주위에 그를 악하게 만든 상황이 있다는 뜻이다. 아무리 선한 사람도 누군가 다가와 바늘로 찌르면 악한 사람이 될 수 있다. 처음부터 악한 사람은 없다는 것이다.

폭력도 마찬가지다. 누군가에게 폭력성이 있다면 반드시 이유가 있다. 화가 치밀어 오를 때 나를 찌른 바늘이 있었다고 생각한다면 스스로에게 위로를 받을 것이다. 마찬가지로 누군가 나에게 화를 낼 때도 그를 찔렀던 바늘이 있다는 것을 기억하면 좋을 것 같다.

화를 참지 못하고 화날 때마다 입에서 불을 뿜어낸다면, 가장 힘들어할 사람은 소중히 보살펴야 할 가족이다. 가족 중에 순하던 사람이 화를 내면 더 무서울 수 있다. 그런 사람은 치밀어 오르는 화를 참고 또 참다가 한 번에 폭발시키는 것이니 그 정도가 더 커 보일 수 있다. 아무리 순한 사람이라도 화를 낼 수 있다. 정도의 차이만 있을 뿐 누구나 폭력성은 가지고 있다.

우리가 살다 보면 기분이 좋은 날도 있고, 기분이 나쁜 날도 있다. 그런데 폭력성은 기분과 밀접한 관계가 있다. 많은 사람은 자신이 친절하지 않은데도 친절하다고 착각하는 경우가 있다. 자신의 기분 좋은 상태를 마치 친절한 것으로 착각하는 것이다.

길을 가다 보면 종종 길을 묻는 사람이 있다. 나는 평소 기분이 좋지 않은 상태에 있을 때 행인이 길을 물으면 대충 알려 주고 간다. 반대로 기분이 좋은 상태에서는 길을 친절하게 알려 준다. 기분 좋을 때만 친절한 사람은 진정으로 친절한 사람이라고 할 수 없다. 진정으로 친절한 사람은 자신의 기분에 좌우되지 않고 친절한 사람이다.

기분이 좋지 않은 날은 될 수 있는 대로 사람을 만나지 않는 것이 좋다. 기분이 좋지 않은 날은 평소보다 예민해지고 공격성과 폭력성이 강해지며 냉소적으로 변하기 때문이다.

나는 가정폭력 상담소에서 부부 갈등, 자녀 갈등에 대해 상담을 하고 있다. 이곳에서 상담을 하다 보니 아동학대가 심각한 사회문제임을 절실히 느낀다. 더 놀라운 것은 아동학대 가해자의 82%가 부모라는 통계다. 자신의 아이를 대신해 죽을 수도 있는 것이 부모의 마음이라고 하는데, 아동학대 가해자의 82%가 부모라니 참으로 이해가 되지 않는다.

그뿐인가. 아동학대의 약 9%는 어린이집 등의 시설에서 일어나고 있다니 또한 놀라운 일이다. 부모가 가장 믿고 맡길 수 있고, 아이들을 사랑으로 보살펴야 할 시설에서 그렇게 많은 학대가 일어나고 있다는 것은 끔찍한 일이다.

이렇게 상식에 반하는 일이 왜 자꾸 일어날까. 아마도 인간이 가지고 있는 폭력성 때문일 것이다. 폭력은 육체적인 폭력, 정신적인 폭력 등이 있다. 정신적인 폭력은 주로 말을 통한 언어폭력이다. 어떠한 형태의 폭력이든 폭력은 누군가에게 크게 상처를 주는 것은 분명하다.

　우리가 일상에서 폭력이라고 생각하지 않는 것이 일상에서 폭력인 경우가 많다. 어린아이들이 보는 가운데 허구한 날 다투는 부모는 자식에게 직접적인 폭력을 가하는 것은 아니지만 어쩌면 더 큰 폭력을 가한 것일 수도 있다. 어린아이를 불안에 떨게 하는 것은 무서운 폭력이기 때문이다. 아이들이 불안하지 않게 하는 가장 좋은 방법은 아버지가 아이의 엄마를 사랑하는 것이다.

　폭력은 크든 작든 누군가에게 피해를 주었다면 폭력이다. 누군가의 진지한 이야기를 무시하듯 흘려듣는 것도, 상대방의 입장은 생각하지 않고 자신의 기준으로만 상황을 해석하는 것도, 사전 통보 없이 약속 시간에 많이 늦거나 약속 시간을 제멋대로 취소하는 것도 폭력이다.

　툭하면 삐지는 소심한 성격도, 자신의 건강을 지키지 않아 가족의 마음을 아프게 하는 것도 폭력이다. 무심코 한 말이나 행동이 누군가를 불쾌하게 하는 것도 폭력이어서 말과 행동을 할 때 항상 조심해야 한다는 것을 명심해야 한다. 의도치 않은 나의 폭력으로 인해 상처받는 사람들이 있을지 모른다.

　자기 자신에 대한 폭력성도 있을 수 있다. 험담하고 깔보고 조롱하는 대상이 바로 '나'인 경우가 많다. 자신을 가장 사랑하는 것도 자신이고 가장 상처를 많이 주는 것도 자신이다. 폭력성은 인간 안에 내재된 본성과 같은 것이어서 어찌할 수 없다. 다시는 폭력적인 말이나 행동을 하지 않겠다고 굳게 맹세하지만 잘 지켜지지 않는다.

무의식은 인간의 사고와 행위를 통제하는 강력한 힘이다. 무의식은 의식보다 우리의 행동에 더 큰 영향을 미친다. 무의식 속에서 나 자신에게 상처를 주고 있지 않은지 생각해 보도록 하자.

정신분석학자인 프로이트(Freud)는 인간의 정신세계를 의식 수준에 따라서 의식, 전의식, 무의식으로 구분하였다. 물 위에 떠 있는 작은 부분이 의식이라면 나머지 큰 부분은 '무의식'이다. 무의식은 인간의 본능적인 열정, 억압된 사고와 감정을 포함한다.

'폭력성'은 자신도 모르게 튀어나와 자신의 '무의식' 속에 살고 있는 호랑이다. 자신 안에 살고 있는 것은 분명한데, 어디에 살고 있는지, 어떻게 생겼는지, 언제 나타나는지 자신도 잘 모르는 호랑이다. 그 호랑이는 어떤 자극적인 상황이 생기면 불쑥 튀어나와 자신과 사람들을 위협한다. 그 순간 나는 내가 아니고 호랑이가 되는 것이다.

누군가가 당했던 폭력은 더 큰 폭력으로 되돌아올 수 있다. 지난날 받은 상처만큼 폭력적으로 변할 수 있다. 이런 이유로 지난날의 상처는 단지 과거의 상처가 아니라 현재의 상처이며 동시에 미래의 상처가 된다. 어린 시절 뇌 속에 각인된 충격이 어른이 되어 나타나는 경우도 바로 이런 경우이다.

'가해자'는 동시에 '피해자'라는 말이 있다. 누군가에게 폭력을 가한 '가해자'가 있다면 그보다 앞서 그 '가해자'에게 폭력을 가한 또 다른 '가해자'가 있다는 것이다. 내가 폭력적이라면 나에게 폭력을 가한 사람이 있다는 것이다. 폭력적인 사람은 부모가 폭력적인 경우가 많고 그 폭력성은 그 자식에게까지 대물림되는 경우가 많다.

상담소에서 폭력을 당한 독거노인을 상담한 적이 있다. 그 노인은 내 말은 전혀 들으려고 하지 않고 자신의 말만 늘어놓았다. 경청하다가 직면으로 "어르신이 계속 말씀을 하시니 제가 할 이야기를 못 하겠네요."라고 했다. "저는 오늘 어르신과 상담을 하러 왔는데 어르신 혼자 말씀을 계속하시면 제가 할 말을 못 해요. 그러니 지금부터는 제 말을 들어줄 수 있나요."라고 했다. 어르신은 나를 향해 미안하다고 하면서 자식 때문에 속이 터지는 일이 너무 많아서 이야기만 했다고 했다. 그렇게 말한 것을 금세 후회했지만 어르신의 말만 늘어놓는 것이 이해되는 것은 아니었다.

상담을 마치고 돌아오는 동안 마음이 불편했다. 나이 먹고 다시 아이가 되어 버린 노인에게 조금 시간이 더 걸리더라도 끝까지 들어주었어야 했는데 그러지 못했기 때문이다. 늙고 병든 노인의 가슴을 조금이라도 불편하거나 아프게 했을 테니 내 말은 분명 폭력이었다. 내가 어르신의 말을 끝까지 들어주지 못해 마음이 불편한 것은 그 어르신을 향한 진심이 있었기 때문이다. 마찬가지로 가족이나 애인이나 직장 동료 때문에 마음 아파했던 적이 있다면 틀림없이 그들을 향한 진심이 있어서다.

강물은 자신의 길을 흘러갈 뿐 자기가 지나친 강변의 나무와 풀꽃의 이름을 모두 기억하지 못한다. 여러분도 기억하지 못하는 누군가에게 상처를 줬던 적이 있을 것이다. 인간은 폭력의 가해자이면서 피해자일 수도 있다. 인간은 이렇게 상처를 주고받을 수밖에 없는 운명 안에서 살고 있으므로 겸손해야 한다. 내가 상처를 준 사람은 누구인지, 아니 내게 상처를 준 사람은 누구인지 한 번쯤은 생각할 필요가 있다. '폭력'은 사람의 마음에 내재된 분노의 폭발이라는 점을 명심해야 한다.

여러분의 분노가 자신을 삼켜 버린 적이 있는가?

불안
남자를 고집스럽게
여자를 변덕스럽게 만든다

    소설가 김형경은 이런 말을 했다. 여자는 남자가 자신의 방식에 상대를 맞추려고 할 때 지친다고.

    짧은 연애 끝에 결혼했는데 결혼 후 남자는 여자의 모든 것을 자기 방식대로 바꾸려고 했다. 여자의 부엌살림, 가계부, 만나는 사람, 심지어는 옷차림까지도 남자의 방식대로 강요한다. 연애 기간에는 배려와 사랑처럼 느껴졌던 행동들이 생활의 일부가 되자 숨이 막혔다. 결혼한 지 3년 만에 여자는 남자 곁을 떠나 버렸다.

    여자들은 가끔 묻는다. 남자는 왜 그토록 자기 방식만을 고집하는가. 물론 남자들도 묻는다. 여자는 왜 그토록 변덕스러운가. 아침저녁으로 말이 바뀌고 행동이 다른가.

삶의 성패는 불안을 관리하는 능력에 달려 있다고 한다. 인간은 태어나는 순간부터 불안, 공포 등의 감정과 함께한다. 인간의 성격을 연구한 정신분석학자 프로이트는 생후 24개월 이전의 아기가 때로 격렬하게 우는 이유를 원초적 불안과 공포 때문이라고 하였다. 유아기 때 아이의 불안을 어떻게 달래 주었는가에 따라 그 아이의 성격이 좌우된다.

아기는 성장하면서 현실적인 불안감까지 안게 된다. 인간관계의 지속과 단절, 삶에 도사리고 있는 온갖 위험으로부터 불안감을 느끼고 두려워한다. 낯설고 새로운 것, 알지 못하는 것에 대한 공포심도 생겨난다. 불안감이 그때그때 해소되지 못하면 내면에 고착되어 이후 발달 단계에 영향을 미치고 마침내 성인이 된 그의 삶을 좌우한다.

남자의 고집도, 여자의 변덕도 불안감을 표현하는 서로 다른 방식이다. 고집스러운 남자는 자기가 안전하다고 믿는 방식을 고수하면서 다른 길은 외면한다. 모호하고 검증되지 않은 길로 나설 용기를 내지 못한다. 변덕스러운 여자는 선택해야 하는 일 앞에서 무수한 갈등을 겪는다. 어떤 선택을 하든 후회나 손해를 경험하게 될 것 같은 불안감이 내재해 있다.

한 여성이 백화점에서 액세서리를 사기 위해 모든 진열 상품을 들었다 놓았다 하면서 40분쯤 갈등하다가 마침내 빈손으로 돌아서는 모습을 본 적이 있다. 그 여자는 물건을 살 때마다 생각이 멈추는 것 같은 느낌을 받는다고 한다.

고집이 센 남자와 변덕스러운 여자의 행동을 부추기는 것은 불안감이다. 그들은 일상에서 불안이라는 감정과 접촉하고 있다는 점에서 그래도 건강한 편이다. 불안감을 성공적(?)으로 방어한 사람들은 대체로 알코올 같은 중독 물질을 동원해 목적을 이루려고 한다. 그들은 불안을 방어하기 위해 생각하는 능력, 창의력, 생의 에너지까지 억누르면서 삶 전체를 옭아맨다. 친밀한 대상을 좌절하게 하고 내 편인 사람까지도 떠나보낸다.

남자가 고집스럽지 않고, 여자가 변덕스럽지 않게 하기 위해서는 아주 어렸을 때부터 불안감을 느끼지 않게 해야 한다.

고집과 변덕의 이면을 생각해본 적이 있는가?

질투
나의 함정이다

우리는 일상에서 '질투와 시기심'이라는 말을 자주 쓴다. 또 실제로 우리는 질투와 시기를 느끼면서 살아간다.

심리학자인 리처드 스미스(Richard H. Smith)에 따르면, 질투를 이렇게 말하고 있다. 그는 응당 내 사람이라고 생각하는 누군가를 빼앗아 가겠다고 위협하는 모든 것이라고 하였다. 시기심은 내가 가지지 못한 어떤 것을 다른 사람이 가졌다고 느낄 때 나타난다고 하였다. 자신과 상대를 비교하면서 느끼는 감정으로 열등감, 좌절감, 분노가 함께 딸려 온다.

셰익스피어의 4대 비극 가운데 하나로 손꼽히는 『오셀로 (Othello)』는 질투가 불러온 사랑의 비극적인 파국을 묘사한 작품이다. 오셀로는 이아고의 계략에 빠져 자신의 아내인 데스데모나의 사랑을 의심하고 질투에 사로잡혀 괴로워하다가 결국은 사랑하는 아내를 살해하게 된다.

사랑의 충동에서 비롯되는 질투심은 사랑을 파괴하는 제 1 주범이 된다. 누구든지 사랑이라는 이름으로 자신을 구속하려 드는 사람을 싫어한다. 하지만 사랑하는 사람을 잃을지도 모른다는 불안감은 질투로 이어진다. 누군가를 사랑하게 되면 우리는 그 사람을 독점하고 싶어 한다. 이 사람의 사랑이 나에게만 향했으면 좋겠고, 내가 사랑하는 사람을 다른 누군가에게 빼앗긴다고 생각하는 것만으로도 마음이 부서질 것 같다. 그래서 사랑받고 싶고 사랑하고 싶은 모든 마음이 와르르 무너져 내릴 것 같은 위협이 될 만한 모든 요소에 신경을 곤두세운다.

질투는 '건강한 질투'와 '병리적인 질투'가 있다. 낮은 자존감에서 나오는 '병리적 질투'는 두 가지 면에서 위험하다. 하나는 인간관계에서 자기 자신을 버린 채 모든 것을 상대에게 쏟아부을 가능성이 있다는 것이고, 다른 하나는 자신의 질투심으로 인해 자존감에 더 큰 상처를 받을 가능성이 높다는 것이다. 내가 상대에게 투자한 만큼 상대는 내게 투자하지 않기 때문이다.

문제는 질투심을 느꼈을 때 자신의 솔직한 마음을 상대에게 표현하지를 못한다. 그저 자기 안에 담아 두고 쌓아 둔 채 이런저런 추측과 억측 속에 힘들어한다. 그러면 그럴수록 관계의 수

렁에 깊이 빠지고 자기 중심을 잃고 휘청거리게 된다.

상대를 자신과 동일시하고 상대의 모든 것을 쥐고 싶어 한다. 하지만 상대는 나와 별개의 존재이므로 내 뜻대로 관계를 만들기는 힘들다. 이렇게 낮은 자존감은 애만 태우게 할 뿐 관계를 돈독하게 하는 데는 전혀 도움이 되지 않는다. 내가 나를 사랑하지 않는데 상대의 사랑이 무슨 소용이 있을까. 어려운 일이다. 그러니 나를 먼저 사랑하자.

그럼 '질투'는 나쁜 것일까. 아닐 수도 있다. '질투'는 인간의 감정 중의 하나다. 가진 자와 가지지 못한 자가 있고, 이룬 자와 이루지 못한 자가 있는 것은 인간의 치열한 생존 경쟁 때문이다. 경쟁은 인간의 질투를 이끌어낼 수밖에 없다.

관계에 도움이 되는 '건강한 질투'는 생존력이기도 하다. 인간관계에 위협을 가할 수 있는 외부의 적에 대비하게 하거나 때로는 흔들리는 인간관계를 붙잡아 주는 역할을 하기도 한다. 그뿐인가. '건강한 질투'는 일상에 도움이 된다. 그래서 질투라는 감정을 이해할 수 있어야 진정으로 인간을 이해할 수 있고 분별력도 생기게 된다. 질투를 함부로 무시해서는 안 되고 중요시해야 하는 이유다. 누구나 질투를 하니까. 나도 질투를 당한 적도 있고, 한 적도 있다.

나는 검찰청 공무원 시험에 합격했고, 같이 공부하던 친구는 공무원 시험에 떨어졌다. 나는 친구가 얼마나 가슴이 아플까 하여 위로의 말을 하고 싶었지만 쉽지 않았다. 혹시 무심코 한 어떤 말이 마치 친구를 무시하는 말처럼 들릴 수도 있기 때문이다. 친구도 자격지심이 발동할 수 있다. 혹여 친구의 아픔을 헤아리지 못하고 나의 합격을 슬며시 으스댈 수도 있었다.

친구는 나와 같은 과 동기다. 친구가 나를 질투하는 모습이 역력히 보였다. 나는 친구를 위로하고 싶어 여러 번 만남을 시도했지만, 친구는 나를 만나려 하지 않았다. 그 후 어느 날 나는 친구에게 전화를 걸었다.

"이런 말까지 안 하려고 했는데 더는 참을 수가 없다. 너 질투하니! 너는 친구도 아냐."

나는 친구를 향해 단호하게 말했다. 우리의 오랜 우정을 생각한다면 나를 축하해 주진 않더라도 자신의 불합격이 마음이 아프다 해서 친구를 질투하는 것은 잘못되었다고 생각했기 때문이다. 결국 나는 친구와 멀어졌다.

나중에 후배를 통해 들은 친구의 이야기는 이랬다. 나를 축하해 주고 싶었지만 진심으로 축하해 줄 수 없을 것 같아 만나지 않았고 시간이 지나 진심으로 축하해 줄 수 있을 때 나를 만나고 싶었다고 했다. 그때 시험에 떨어진 친구의 심정을 이해할 수 있었다.

나는 친구 하나를 잃고 말았다. '질투'에 대한 편견 때문에 친구의 감정을 깔보았기 때문이다. 당시 나는 질투하는 친구의 모습이 솔직히 마음에 들지 않았다. 비록 친구가 시험에 떨어졌지만 그래도 함께 축하해 주는 것이 더욱 인간적인 모습이라고 생각했기 때문이다.

하지만 훗날 시험에 떨어진 친구의 이야기를 들었을 때 내 생각이 잘못되었다는 것을 깨달았다. 시험에 떨어진 친구는 얼마나 마음이 아팠을까. 친구는 합격했는데 자신은 떨어졌으니 질투가 나는 것은 당연한 일이다. 그때의 상황을 되돌릴 수 있다면 "친구를 질투하니! 너는 친구도 아냐." 하는 말 대신 이렇게 말했을 것이다.

"열심히 준비했는데 시험에 떨어졌으니 마음이 많이 아프지. 나는 합격을 했는데 너는 떨어졌으니 더 마음이 아팠을지도 몰라. 함께 준비한 시험인데……. 언제 술이나 한잔 하자."라고 말이다.

진화심리학자 데이비드 버스(David M. Buss)는 질투심과 정서적 안정성이 관련 있다고 보았다. 정서적으로 불안정한 사람은 다른 사람보다 더 쉽게 분노, 불안, 우울감을 갖게 될 가능성이 크며, 이 수준이 높을수록 더 깊은 질투심을 느낀다고 하였다. 그리고 남성과 여성의 질투는 다른 양상을 보인다고 하였다. 남성은 아이를 직접 낳지 않기 때문에 자신의 아이임에도 다른 남자의 아이가 아닌가 하고 의심을 하며 여성이 다른 남성을 만나는 것에도 질투심을 느낀다고 하였다. 여성은 자신의 아이가 자라는 동안 충분한 양분과 안전한 환경을 보장받는 것이 중요하기 때문에 그런 안정을 위협받는 상황에서 질투심을 느끼기 쉽다고 하였다.

'병리적인 질투'는 관계를 지키는 것이 아니라 방해하는 방향으로 흘러가게 만든다. 질투의 범위를 넘어서는 것이다. 병리적인 질투는 자신의 생각과 반대로 상대가 움직일 가능성이 높기 때문에 질투의 함정이라고 할 수 있다. 반면 '건강한 질투'는 질투의 범위를 넘어서지 않는다. 건강한 질투로 상대의 마음을 알수 있다면 인간관계가 좋아질 것이다.

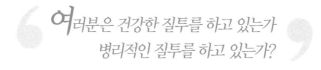

여러분은 건강한 질투를 하고 있는가
병리적인 질투를 하고 있는가?

이기심
삶을 이끄는 동력이다

"너는 너무 이기적이야."

우리는 이런 말을 종종 하거나 듣는다. 나도 그런 적이 꽤 있는 것 같다. 이 말은 상대를 무시하는 말이다. 또 인간의 본성을 이해하지 못해 비롯된 생각이기도 하다. 그렇다면 이기심이란 무엇인가.

이기심은 상대가 자신에게 어떤 이득을 주는지 따져 보고 그가 이득을 주지 못한다면 무가치하다고 여겨 버리는 것이다. 만약 상대가 자신의 이익을 염두에 두고 내게 충고를 하거나 도구로 삼으려 하면 그의 말을 믿지 않게 된다.

경제학자인 애덤 스미스(Adam Smith)는 자본주의의 경전이라 할 그의 저서 『국부론』에서 '이기심'을 이렇게 설명한다. "세상을 돌아가게 하는 것은 인간 각자의 이기심이다." 인간 각자가 자신의 자리에서 각자의 이기심에 따라 살아갈 때 세상이 자연스럽게 돌아간다는 의미이다.

하지만 타인의 손해를 무시하고 오직 자신의 이익에만 몰두하는 지나친 이기심은 경계해야 한다. 예의라는 가면 뒤에 지나친 이기심을 숨기려 하지만 언제 마음속 이기심이 가면을 벗고서 다른 사람을 이용하려 들지 모른다. 마치 호랑이가 마스크를 하고 있어 당장은 물어뜯지 않는 것과 같은 것이 지나친 이기심이다.

그렇다 해도 "너무 이기적이야."라는 말을 함부로 쓰면 안 된다. 이기적인 태도에 대한 기준도 보는 관점에 따라서 다르기 때문이다. 그래서 "당신은 이기적이야."라는 말 대신 '나는 이기적이지 않은가'를 반대로 생각해 보아야 한다. 상대보다 내가 더 이기적일 수 있으니까.

'이기심'이 관점에 따라 얼마나 큰 차이가 나는지를 다음의 '바람과 벚나무의 이야기'를 통해 알아보자.

둥근 달빛이 떠 있는 밤하늘을 배경으로 여의도 국회의사당 앞에 벚나무가 서 있었다. 벚나무의 활짝 핀 아름다운 꽃을 시샘하듯 세찬 바람이 다가와 벚나무를 사정없이 흔들어 꽃잎이 떨어졌다. 벚나무가 바람을 향해 따졌다.

"너는 왜 가만히 서 있는 나를 흔드는 거야."

이 말에 바람은 맞받아쳐서 이렇게 말했다.

"무슨 소리를 하는 거야. 바람이 가고 있는 골목에 벚나무인 네가 바람을 막고 있잖아."

그렇다. 바람과 벚나무의 이야기에서 보듯 누구의 기준으로 어떻게 보느냐에 따라 같은 상황의 이야기도 이렇게 달라질 수가 있다.

장미와 독사에 대한 이야기를 하나 더 들어 보겠다.

붉은 장미꽃은 참으로 아름답지만 꽃 속에는 날카로운 가시를 지니고 있다. 이것도 모르고 어린아이가 꽃을 만지다가 가시에 찔려서 피가 나고 말았다. 화가 난 어린아이는 장미에게 따졌다.

"너는 왜 꽃 속에 가시를 숨겨 놓은 거야. 네가 예뻐서 너를 만지다가 이렇게 찔렸잖아."

이 말에 장미는 이렇게 맞받아쳤다.

"아, 장미꽃 속에 가시를 지니고 있는 것은 나를 지키고 싶어서, 그뿐이야⋯⋯. 장미꽃이 예쁘다며 나를 만지는 사람들이 많았거든. 심지어는 나를 꺾어 가는 사람들도 있었고. 그래서 가시를 만들어 놓은 거야."

장미꽃과 멀지 않은 곳에 독사 한 마리가 있었다. 어린아이가 독사에게 다가가 물었다.

"독이 없는 뱀들도 많은데, 너는 왜 네 이빨 속에 무시무시한 독을 품고 있는 거지? 너 때문에 누군가 죽임을 당할 수도 있어."

이 말에 독사는 이렇게 대답했다.

"내 이빨 속에 독을 품고 있는 것은 그냥 나를 지키려고, 그 뿐이야……. 사람들이 나를 발로 밟거든. 심지어는 사람들이 자신의 보약으로 쓴다고 내 할아버지와 할머니, 내 엄마와 아빠, 그리고 내 형과 동생들까지 닥치는 대로 잡아갔어. 그래서 내 이빨 속에 독을 만들어 놓은 거야. 독을 품은 독사는 사람들이 함부로 잡을 수가 없으니까."

어릴 때 내 친동생이 관절염에 좋다는 독사를 잡다가 독사에 물린 적이 있다. 당시에는 왜 독사가 독을 품고 있는지에 대해 특별히 생각해 본 적이 없었다. 지금은 독사가 자신을 지키기 위해서 독을 품을 수밖에 없다고 생각한다. 마찬가지로 인간도 세상의 모든 것들과 싸우며 자신을 지키기 위한 어느 정도의 이기심은 있어야 하지 않을까.

우리는 어릴 때부터 이런 말을 종종 들어 왔다. "손해 보면서 사는 것이 편하다." 손해 보며 사는 것이 정말 편할까. 적당히 손해를 보고 사는 것이 일시적으로는 편할 수도 있다. 분명한 것은 손해를 자주 보는 사람은 이기심이 억눌려서 속으로 분노가 쌓이게 된다.

마찬가지로 "지는 게 이기는 거다."라는 말도 자주 들었다. 언뜻 듣기에는 양보의 미덕을 강조한 철학자의 근사한 말 같지만 좀 더 깊이 생각해 보면 문제가 있는 말이다. 자주 지거나 자주 져 주는 사람 역시 이기심이 억눌려서 안으로 분노가 쌓인다. 이왕이면 손해 보고 싶지 않고, 이기고 싶어 하는 것이 인간의 본성이기 때문이다.

이렇게 억눌린 분노는 누구에게 표출될까. 마음 아프게도 가족을 비롯한 자신과 가장 가까운 이들에게 가장 먼저 화살이 날아간다. 배려라고 생각했던 마음은 도리어 화살이 되어 가까운 이들을 다치게 할 수도 있다는 점을 명심해야 한다.

"손해 보면서 사는 것이 편하다.""지는 게 이기는 거다." 식으로 살면 심각한 문제가 있을 수 있다. 자신의 아량이 넓어 손해를 감수했고, 또 상대를 이길 수 있는데 져 주었다는 생각에 자칫 교만해질 수 있다. 또 상대에게 베풀었다는 생각을 갖고 있다가 언젠가는 상대에게 대가를 받으려 할 수도 있다. 이처럼 '이기심'은 인간의 가장 강력한 본성 중에 하나다.

타인을 돕는 것이 이기심의 완성이라는 사람도 있다. 타인을 돕는 것이 결국에는 자기 자신을 돕는 최고의 방법이라는 말이다. 그렇다고 자신의 이익을 위해 타인을 도와야 한다는 말은 아니다. 내가 타인으로부터 도움을 받고 싶다면, 먼저 타인을 도우라는 것이다.

심리학에서는 인간이 '상호성의 원칙'에 따라 도움을 주고받는다고 한다. 즉, 누군가에게 급히 만 원을 빌리고 싶다면, 내가 이전에 돈을 빌려 준 적이 있는 사람에게 가면 된다. 돈이 있다면 상대는 망설임 없이 내게 돈을 빌려 줄 것이다. 필요하다면 그 이상도 빌려 줄지 모른다.

조건부로 도움을 주고받는 것이 결코 비인간적인 것은 아니다. 언젠가 자신이 궁해질 때 상대의 도움을 받기 위해 상대를 도울 수도 있는 것이다. 인간은 혼자서 살아갈 수 없고 서로 도움을 주고받으면서 살아가야 한다.

하지만 아무 조건도 없이 누군가를 돕는 사람도 있다. 그렇다고 그것이 아무런 조건 없이 누군가를 도운 것이라고 단정할 수는 없다. 조건 없이 받은 사랑을 도움이 필요한 다른 사람에게 되갚을 수도 있으니까.

사람은 이기심이 있어야 하지만 때로는 이기심을 망각할 수 있어야 한다. 이기심을 망각했을 때 비로소 나를 제대로 바라볼 수 있기 때문이다. 나의 이기심을 버려야 비로소 내게 다가오는 사람들이 많아진다.

인간의 이기심을 무시하면 무시할수록 그만큼 상대방의 마음을 알기가 어려워진다. 그렇게 되면 사람들이 내 곁에서 하나씩 하나씩 떠난다는 것을 발견하게 될 것이다. 버스가 지나간 후에 손들지 말고, 버스가 지나가기 전에 나의 이기심의 정도를 점검해 봐야 한다. 또한 상대방의 마음도 미리 헤아려 볼 줄 알아야 한다.

여러분은 이기심이 삶의 원동력임을 느꼈는가?

돈이 이끄는 삶,
정신이 이끄는 삶

　나는 가끔 외식도 하고 백화점에도 간다. 음식점에 가면 가격이 비싼데도 사람들이 득실득실하다. 그뿐인가. 백화점에 가보면 예쁘고 멋스러운 옷을 사기 위해 사람들로 북적인다. 물질적으로 풍요로운 사람들은 세상 살기 좋아졌다고 말한다. 쪽방에 살며 질병과 외로움으로 살아가는 사람들이 많은데도 말이다. 심하게는 가족들로부터도 외면받아 오갈 데가 없는 빈곤한 노인들이 넘쳐나는데도 세상이 풍요로워졌다고 말할 수 있을까. 우리 사회를 보면 배불리 먹고 문화생활도 한껏 누릴 수 있는 행복한 사회 같지만 그 이면에는 불안과 고통의 복선을 안고 살아가는 것이 오늘 우리 사회의 자화상이다.

우리의 삶은 과거와 비교하면 확연히 달라졌다. 물질은 과거보다 훨씬 풍요롭다. 하지만 경쟁에서 패배한 사람의 절망과 불안감이 팽배해 있고 사람 간 불신도 과거보다 깊어졌다. 이것은 요즘 사회가 인간을 인간적으로 바라보지 않고, 물질의 논리로 인간을 바라보기 때문이 아닐까.

그럼 인간의 삶은 물질이 우선일까? 그럴 수도 있다. 하지만 삶은 궁극적으로 정신이 우선되어야 한다. 겉모습이 화려한 외적인 아름다움보다는 순수하고 진정성이 있는 내적인 아름다움이 더 가치가 있기 때문이다. 삶은 정신과의 싸움이고, 물질은 결코 정신을 이길 수 없다고 말하는 사람도 있다. 물론 현실과는 다른 말일 수도 있다. 특히 요즘에는 자신도 모르게 물질에 끌려다니는 경우가 많으니까.

정신보다 물질을 중요시하는 '갑'과 물질보다 정신을 중요시하는 '을'이 있다. 어느 쪽이 더 행복할까. 갑과 을이 같은 액수의 월급을 받는다고 생각해 보자. 일반적으로 같은 액수의 월급을 받는다면 물질보다 정신이 중요하다고 말하는 사람의 행복지수가 더 높다는 조사도 있다. 인간의 욕심은 끝이 없으니 가지면 가질수록 더 갖고 싶기 때문에 그러지 않을까.

자신의 집을 사는 것이 평생 꿈이었던 사람이 전세로 살다가 20평 아파트를 사서 살게 되면 꿈을 이루었으니 과연 행복할까. 물론 얼마간은 만족해하며 행복하게 지낼지도 모른다. 하지만 시간이 조금 지나면 다시 30평 아파트를 꿈꾸게 될 것이다. 그렇다고 욕심이 나쁘다고만 말할 수는 없다. 경우에 따라서는 세상을 변화시키는 긍정적인 면도 있기 때문이다. 다만 인간이 물질에 너무 집착하게 되면 행복감이 떨어진다는 것을 말하고 싶다.

오죽하면 옛말에 '큰 기쁨'은 있어도 '긴 기쁨'은 없다는 말이 있을까. 이 말은 아무리 많은 것을 가져도 기쁨은 잠시에 불과하다는 의미로 해석된다.

그렇다면 정신과 물질이 싸움한다면 누가 이길까. 어려운 질문이라서 대답하기가 결코 쉽지 않다. 가치관이나 환경에 따라서 사람마다 차이가 있을 것이다. 굳이 말한다면, 정신세계를 중요시하는 성직자 같은 사람은 물질 같은 외적 기쁨보다는 내적인 정신에 더 관심을 둘 것이고, 물질을 중요시하는 사업가 같은 사람은 정신보다는 현실적인 물질에 더 관심을 둘 것이다.

그러나 보통 사람이라면 어떨까. 기분과 상황에 따라서 어떤 날은 정신이 우선이고 어떤 날은 물질이 우선일 수도 있다.

오래전 어느 방송사에서 거리를 지나가는 사람들을 상대로 새해 희망 사항과 관련된 설문조사를 했다. 설문조사 항목 중 하나가 '정신이 물질을 이기는 시대가 되기를 바란다.'였다. 이 항목이 다른 항목보다 압도적으로 몰렸다고 한다. 선뜻 이해가 되지 않을 수도 있지만, 우리의 현실을 알 수 있을 듯하다.

또 한 리서치 회사에서 '정신'과 '물질'에 대한 생각을 국가 간 비교한 설문조사가 있다. 설문조사 항목은 '누가 가장 행복하다고 생각하십니까?'였다. 세계적으로 유명한 부자인 '빌 게이츠'와 세계적인 정신적 지주인 '달라이 라마'를 놓고 선택하는 설문이었다. 우리나라와 외국 사람 20대를 대상으로 비교 조사한 결과다. 빌 게이츠는 한국(20.3%), 덴마크(9.2%), 브라질(12.5%)이며, 달라이 라마는 한국(16%), 덴마크(40.2%), 브라질(25%)로 나타났다. 우리나라의 20대는 덴마크나 브라질 사람보다 물질을 훨씬 더 중시하고 있고, 정신은 덴마크나 브라질 사람에 비해 약 2분의 1밖에 되지 않는다. 이것은 무엇을 의미하는 것일까.

아마 우리나라 사람들 중에는 자본 논리인 돈 문제로 상처받은 사람들이 많을 것이다. 자본 논리가 강해지다 보면 인간의 논리는 아무것도 아닌 것처럼 무시당하고 짓밟히게 된다. 그러다 보니 이런 결과를 초래한 것이다. 우리는 지금, 자본의 논리가 인간의 논리를 압도하는 시대를 살아가고 있다. 왠지 기분이 씁쓸해진다. 이래서는 안 되는데 하면서도 어쩌지 못하는 현실인 것 같다.

사회주의 철학자인 칼 마르크스(Karl Mark)는 인간의 논리보다 자본의 논리로 세상을 바라봤다. 그는 자본주의가 구조적 모순 때문에 마침내 붕괴될 것이라고 했으나 오히려 사회주의가 붕괴되었다. 자본주의가 쉽게 붕괴할 것 같지는 않지만 칼 마르크스의 생각도 우리의 삶 속에서 생생하게 살아 있다.

바로 칼 마르크스의 '유물론' 사상에 잘 나타나 있다. 역사가 발전하는 원동력은 관념이 아니라 물질이다. 인간은 물질적 토대가 있어야 생각을 할 수 있다는 것을 의미한다. 그러나 이 사상은 인간성을 간과할 수 있다는 측면이 있으며 실제로 현대의 인간성 붕괴와도 관련 있어 보인다.

인간의 생각은 물질을 가지고 있는 크기에 따라서 해석이 달라진다. 가족이 외식할 때 그 집의 경제력에 따라 음식의 종류가 달라진다. 그뿐인가. 결혼할 대상을 선택할 때도 상대가 가지고 있는 물질이 중요한 역할을 할 정도로 경제력에 따른 사회적 대접에도 차이가 있다. 심지어는 돈이 있어야 부모의 역할도 제대로 할 수 있는 세상이니, 돈의 위력이 어마어마하다는 것을 누구도 부인할 수 없다.

물질이 우리의 삶 속에 생각보다 훨씬 더 깊숙이 파고들어와 있어 정신과 물질의 선후 관계가 왜곡된 것이 현실이다. 물질이 인간관계, 심지어는 가족 관계까지도 회복될 수 없을 만큼 흔들어 놓는 경우도 있다. 한국의 구제금융(IMF) 기간에는 수많은 사람이 직장을 잃어 하루아침에 가정이 깨져 버렸다. 심지어는 노숙자로 전락한 경우도 많았다.

우리는 칼 마르크스의 물질 이야기를 통해서 자본의 논리, 즉 돈의 논리는 '인간의 마음'을 교란시킨다는 것을 알 수 있다. 인간은 최대한 있는 그대로 바라볼 수 있어야 인간의 마음을 제대로 알 수 있다는데, 어쩔 수 없이 '돈의 논리'가 끼어들어 '인간의 마음'이 방해받고 있는 것이다. 우리는 싫든 좋든 이런 세상 속에서 살 수밖에 없다. 어떤 삶을 살아야 할지 깊은 고민이 필요하다.

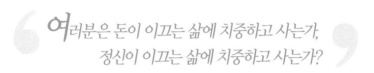

여러분은 돈이 이끄는 삶에 치중하고 사는가,
정신이 이끄는 삶에 치중하고 사는가?

허영심
나의 공허함이다

나는 외국에 갔다 돌아오면서 아내가 부탁한 명품 가방을 사다준 적이 있다. 당시에는 아내가 갖고 싶어 하니까 아무런 생각 없이 그냥 사 주었을 뿐이었다. 아내는 왜 굳이 명품 가방을 갖고 싶었을까. 아마도 국내에 있는 가방과는 차별화되고 품위가 높은 가방을 갖고 싶어서 그랬을 것이다. 그렇다고 아내만 그럴까. 아니다. 누구나 명품을 갖고 싶어 할 것이다.

아마 현대를 살아가는 사람들의 모습일지도 모른다. 품위가 높은 명품을 가지면 자신의 품격도 높아진다고 믿는 것이다. 하지만 경제력이 뒷받침되는 사람만이 명품 가방을 가질 수 있다. 때문에 그렇지 못한 사람들 중에는 스스로 불행하다고 생각하는 사람도 있다.

이처럼 인간의 허영심은 바로 '높이에 대한 욕망'으로부터 시작된다. 과학문명의 발달로 화려한 문명 속에서 살아가는 우리는 TV 광고 등에서 수많은 상품을 보며 욕망을 자극받는다. 사람은 욕망하는 것을 가질 수 없을 때 욕구 불만과 불안마저 느끼는데, 명품 시장은 사람들의 이런 심리를 이용하여 호황을 누리고 있다. 상품의 세련미 때문에 명품을 구매하는 사람들도 있겠지만 자신의 가난을 감추고 싶거나 자신의 부를 과시하고 싶어 명품을 구매하는 사람들이 더 많다고 한다. 이런 맥락에서 명품은 부의 상징이며 동시에 결핍의 상징이기도 하다.

그렇다고 자신의 결핍 때문에 명품에 집착하는 사람들에게 삶의 진정한 가치를 모른다고 할 수는 없다. 그 사람이 가난으로 당했던 상실감이나 자존감의 저하를 그 누구도 가늠할 수 없기 때문이다. 마찬가지로 성형수술을 받은 사람에게 허영심이 가득한 외모지상주의자라고 비난하면 안 된다. 그들이 외모 때문에 겪은 열등감이나 소외감은 누구도 알 수 없다. 그들만이 느끼는 감정이니까. 이처럼 허영심은 누군가로부터 무시당하고 싶지 않을 때 나타나는 자연스러운 인간의 감정이 아닐까.

TV 채널을 돌리는 그 순간에도 광고는 이익을 창출하기 위한 온갖 치밀하고 달콤한 방법으로 소비자의 욕망을 자극한다. 이런 자극들은 현대인의 불안한 정서와 그들이 살면서 겪게 되는 상처와 매우 깊은 관계가 있다. 그 불안과 상처는 인간의 본능인 욕망이 만든 것이다. 인간에게 상처를 입히고 허영심을 부추긴 장본인은 바로 현대문명이다.

　나는 때때로 누군가에게 나를 과시하고 싶을 때가 있다. 이 과시 때문에 잘난 척한다고 눈총을 받은 적도 있다. 심지어는 과시하지 않아도 알아주는데 군이 과시를 해서 스스로 품격을 떨어뜨린다는 말도 들었다. 당시는 참으로 당황했다. 하지만 지금은 돌이켜 보면 당연한 말이다. 후회한다. 내가 말하는 것에 대해 전혀 의식하지 못한 채 자연스럽게 나를 과시한 적이 있고, 의도적으로 나를 과시한 적도 있고, 과시하고 금방 후회했던 적도 있다.

　내가 누군가에게 과시하고 싶은 마음은 단지 '허영심'이었을까. 그것만은 아니다. 내가 작아 보이고 싶지 않고 상대에게 무시당하고 싶지 않은 자기 자신의 보호 본능일 수도 있다. 이런 점에서 '허영심' 역시 인간의 자연스러운 본성이 아닌가 싶다. 경제적으로 문제가 되지 않고, 다른 사람에게 피해를 주지 않는 선에서 자신의 외모나 상황을 꾸민다면 문제될 것은 없다.

　자기 자랑을 하지 않는 사람이나 겉모습을 분수에 맞지 않게 꾸미는 것을 사치라고 말하는 사람은 '허영심'을 멸시하는 경향이 있다. 정신 나간 사람처럼 허영심이 과하지 않다면 자연스러운 인간의 본성이라고 받아들여 줘야 한다.

　자연계에서 수컷들은 짝짓기에 성공하기 위해 최대한 꾸밀 수밖에 없다. 꿩의 수컷은 누가 봐도 아름다운 몸빛을 가지고 있지만, 꿩의 암컷은 수컷에 비해 몸빛이 초라하기 짝이 없다.

사냥꾼의 표적이 되는 것은 주로 화려한 자태를 가져 눈에 잘 띄는 수컷이다. 그 화려한 자태 때문에 생명을 잃을 수도 있는데 어찌하여 오랜 진화 과정 속에서도 화려한 날개를 포기하지 않았을까. 아마도 짝짓기를 해야 할 암컷의 눈에 잘 띈다는 유리함 때문이었을 것이다. 즉, 잘나고 예쁜 척하려는 것이 아니라 종족 번식을 위한 본능에서 선택된 것이다.

마찬가지로 인간도 단지 허영심으로만 자신의 내면과 외면을 꾸미는 것은 아니다. 그 허영심은 종족 번식을 위한 것일 수도 있고, 무시로부터의 보호 본능일 수도 있으며, 더 아름다워져서 행복감을 느끼고 싶어서일 수도 있다.

정신과 의사이자 정신분석가인 프로이트(Frued)는 인간의 허영심과 관련하여 의미심장한 말을 남겼다. 그는 '성욕'은 인간 생활에서 주요한 동기부여의 에너지라고 하였다. 남성이 여성을 향한 욕망과 여성이 남성을 향한 욕망을 결정하는 것은 바로 '성욕'의 에너지에서 나오기 때문이다. 인간이 단지 남성 또는 여성 하나의 성만으로 구성되어 있다면 동기부여의 에너지가 부족하여 지금처럼 화려한 문명이 발전되지 않았을 것이다.

자본주의를 살아가는 우리는 의식적이나 무의식적으로 허영심 속에서 살아가고 있다. 인간의 허영심이 있기에 우리에게 감동을 주는 책이나 영화, 뮤지컬 같은 예술 작품이 있는 것이다.

혹여 자신은 한 치의 허영심이 없다고 생각한다면 그것 또한 허영심이지 않을까.

　허영심은 내적인 정신과 외적인 물질로 구분하기도 한다. 인간이 외적인 물질에 너무 치중하다 보면 내적인 정신이 공허하여 부작용이 일어날 수 있다. 순자는 "내면으로 깊이 성찰하는 사람은 외부의 사물을 가벼이 여긴다."라고 말했다. 이 말은 다양한 지식 등 내적인 요소들이 높게 갖추어져 있는 사람은 명품이나 외모 등 외부에 드러내는 수단에 덜 의존하게 된다는 말로 해석할 수도 있다. 반면 내적으로 채워지지 않은 사람은 외적인 요소라도 채우기 위해 과하게 자신을 치장하려 한다고 볼 수 있을 것이다.

　어쨌든 인간은 내적인 요소의 부족함을 메우기 위해 어느 정도는 외적인 요소로 채워야 한다. 그런데 그 불균형이 지나치게 확대되면 자신 스스로와 타인으로부터의 인정이 오히려 떨어질 가능성이 있다. 이것이 허영심의 공허함이다.

'여러분은 내적인 허영심에 치중하고 있는가, 외적인 허영심에 치중하고 있는가?'

배신보다
중요한 건 반성이다

어느 일간지에서 이회창 전 한나라당 총재가 기자들과 만난 자리에서 "박근혜 대통령께서 유승민 의원에게 '배신 정치' 운운하며 질타하는 것을 TV로 보면서 깜짝 놀랐다. 가슴이 아팠다." 라고 언급한 것을 보았다.

'배신'이란 말을 들으면 어떤 생각이 드는가. 대개 부정적인 의미를 연상하게 된다. 많은 사람이 크거나 작거나 한 번쯤은 배신의 경험이 있다. 남에게 배신을 당했을 수도 있고, 자기가 배신을 했을 수도 있다. 대개 배신당하는 경우는 가장 배신할 것 같지 않던 사람에게 당하는 일이 많다. 물론 배신을 절대로 하지 않고 끝까지 신의를 지키는 사람도 많다.

사람들은 "내가 다른 사람은 믿지 않아도 너만은 믿을 수 있다."라고 말하는 경우가 있다. 하지만 아무리 믿을 만한 사람도 배신할 수 있어서 쉽게 해서는 안 되는 말이다. 내 앞에서 머리를 조아리던 사람이 언젠가 나를 배신할 수 있기 때문이다. 배신은 내 앞쪽보다 뒤쪽에 있음을 명심해야 한다.

사람이 사람을 왜 배신할까. 사람은 자신에게 불리한 상황이 오면 살아남기 위해 상대를 배신할 수 있다. 누군가로부터 '배신당한 것'과 누군가를 '배신한 것' 중 어떤 것이 더 큰 상처일까. 나의 경우, 배신당한 상처는 시간이 지나면서 아물기도 하지만 배신한 상처는 쉽게 아물지 않았다. 나 자신이 자랑스러울 순간에도 누군가를 배신했던 상처가 떠올라 내내 마음을 불편하게 한다. 배신당한 상처보다 배신한 상처가 더 큰 상처임을 깨달았다.

그렇다면 세상이 원하는 사람은 어떤 사람일까. 예의 바르고 거짓말을 절대로 하지 않으며 양심적으로 살아가는 사람일까. 배신하지 않고 소신껏 행동하는 의리 있는 사람일까. 그러나 인간은 언제나 옳바른 행동만 할 만큼 그리 완벽하지 않다.

세상이 원하는 사람은 자신이 틀렸을 때 틀렸다고 용기 있게 고백하는 사람이다. 이런 사람은 다른 사람과 힘을 합쳐 더 나은 가치를 만들어 낼 수 있다. 또한 항상 반듯한 것만이 진실이 아니라, 거짓을 반성하는 것도 또한 진실이다. 반성은 과거를 통해서 미래를 바라볼 수 있으니까.

마키아벨리는 그의 대표 저서인 『군주론』에서 군주가 자신의 권력을 지키기 위해 반드시 갖춰야 할 것들을 제시하였다. 이 책에서는 군주가 강한 결단력을 가지고 권력을 쟁취하는 데 수단과 방법을 가리지 말아야 한다고 이야기한다. 그 수단과 방법에는 인간으로서 최소한의 도리마저 저버린 잔인함이 가득하지만, 변덕스러운 인간을 제압하는 설득력도 있다. 어쨌든 이 책이 오랜 세월 사람들에게 읽히는 것은 또 다른 이유가 있다.

마키아벨리는 자신의 생각이 틀렸다는 것을 깨닫고 『군주론』에서의 자신의 주장을 반성하는 책(『로마사논고』)을 집필했다. 자신의 모순을 기꺼이 인정할 수 있는 용기가 있기에 가능했을 것이다. 어쩌면 이런 점 때문에 『군주론』이 오랜 세월 동안 읽혔을지도 모른다.

과연 마키아벨리는 우리에게 어떤 메시지를 전하고 싶었을까. 아마도 "자신의 가능성을 믿어야 하지만, 동시에 자신의 한계도 알고 있어야 한다."라고 말하고 싶은 것은 아니었을까.

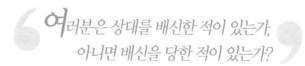

여러분은 상대를 배신한 적이 있는가, 아니면 배신을 당한 적이 있는가?

밥그릇 싸움
공멸한다

언제가 인터넷에 "밥그릇 싸움에 불효자 낙인까지"라는 기사가 떴다. 이름을 대면 누구나 알 만한 대기업 집안의 형제끼리 경영권을 두고 다투는 내용이었다. 또 다른 기사에서는 '○○궁정 쿠데타'라는 표현까지 쓰기도 했다. 막장 드라마 수준으로 치닫는 이런 형제간 분쟁은 볼썽사납기 짝이 없다. 밥그릇 싸움에는 피도 눈물도 없는 것 같다. 우리의 일상은 어떠한가. 정도의 차이만 있을 뿐 마찬가지가 아닐까.

"먹는 것으로 싸우지 마라. 그것처럼 치사한 것이 없다."
이런 시절 어머니께서 일러주신 말씀이다. 당시 가정 형편이 넉넉하지 않다 보니 먹을 음식은 적은데 형제가 많아서 해 주신 말씀이라고 생각했다. 하지만 대기업 형제끼리도 밥그릇 싸움을 하는 것을 보고 생각이 바뀌었다. 밥그릇 싸움은 돈이 많고 적고 간에 따른 것이 아니라는 것을.

어머니께서 말씀하신 대로 먹을 걸로 싸우는 것이 치사한 것일까. 성인이 된 이후 다시 생각해 보니 꼭 그렇지 않은 것 같다. 어쩌면 인간적인 것일 수도 있다고 생각한다. 생명을 유지하기 위해 먹을 것으로 싸우는 것은 인간의 본성이니까.

굳이 싸우지 않고도 살아갈 수 있다면 싸우는 일은 줄어들 것이다. 어릴 때 나와 형제들이 먹을 것을 가지고 싸웠던 것도 먹을 것이 충분하지 않았기 때문이다. 보리밥으로 끼니를 때우던 시절, 큰 양푼에 밥을 비벼 다섯 명이 나눠 먹어야 했을 때 서로 많이 먹으려고 싸우곤 했다. 어떻게 했으면 싸우지 않았을까. 처음부터 어머니가 다섯 개의 밥그릇에 밥을 공평히 나누어 주었다면 양이 적어 배가 고플지라도 싸우지는 않았을 것이다.

나는 어릴 때에는 시골에서 생활하다가 고등학생 때부터 서울에서 생활했다. 그 후 군대생활을 제외한 나머지는 서울에서 계속 생활하였기에 시골과 도시 사람들의 일상의 차이점을 누구보다도 잘 알고 있다. 도시 사람들과 시골 사람들의 행동에는 많은 차이가 있다. 도시 사람들은 부지런하지만 그만큼 삶에 여유가 없어 보인다. 이른 아침 출근길의 사람들을 보면 다들 걸음이 바쁘다. 주변을 둘러볼 겨를도 없어 보인다. 나 역시 시골에서 살았을 때 항상 느꼈던 느긋하고 편안한 여유로움을 요즘에는 느끼기 힘들다.

왜 그럴까. 도시에서 살아가기 위한 경쟁이 시골보다 더 치열하기 때문이다. 인구 밀도가 높고 도시는 그만큼 살아가기 위한 경쟁이 치열하다. 모두들 일과 삶을 위해 바삐 뛰어다니는 와중에서 주변을 돌아볼 겨를이 없는 것이다.

우리는 종종 서울의 광화문 사거리에서 도로를 점검하고 농성을 벌이는 사람들을 볼 수 있다. 또 지역구 국회의원들이 인구수에 비례하여 의원의 수를 줄이는 과정에서 서로가 자신의 지역구 의원 수를 줄이지 않으려고 다투는 모습을 신문이나 방송에서 본 적이 있을 것이다. 이런 모습을 보면서 나는 더불어 도우며 살아가기도 벅찬 세상에서 서로가 밥그릇 싸움이나 하고 있다고 비웃듯 생각했다. 하지만 지금은 생각이 달라졌다. 그 생각은 치열하고 바쁘게 돌아가는 세상을 제대로 보지 못하고 했던 생각이었다.

시대를 거슬러 올라가 보면, 인류의 역사는 전쟁의 역사였고, 전쟁의 역사는 결국 밥그릇 싸움의 역사였다. 전쟁의 역사중 우리에게 가장 기억에 남는 것은 1914년 제1차세계대전과 1940년 제2차세계대전이다.

제1차세계대전은 약 1,000만 명의 전사자와 2,100만 명이 넘는 부상자, 그리고 많은 전쟁미망인이 발생하여 복지 개념이 시작되었다. 제2차세계대전은 약 6,000만 명의 전사자가 발생했다. 우리나라의 2015년 인구 수인 약 5,000만 명보다도 많은 숫자다. 인류는 제1, 2차 세계대전 이전과 이후에도 끊임없이 전쟁을 했고, 지금도 지구 어느 한쪽에선 크고 작은 전쟁을 하고 있다. 유사 이래 인류는 단 한 번도 전쟁을 멈춘 적이 없다.

만약에 제3차세계대전이 일어난다면 어떤 무기로 싸울까. 아인슈타인은 "제3차세계대전은 어떤 가공할 무기로 싸울지는 모르지만, 그다음 전쟁은 틀림없이 돌로 싸울 것이다."라고 말했다.

이 말이 의미하는 것은 무엇일까. 제3차세계대전은 인류가 오랫동안 목숨 걸고 얻어낸 문명을 전쟁의 잿더미로 만들어 다시 석기시대로 돌아간다는 것이다. 운이 좋아서 살아남은 소수의 사람은 절대 싸우는 일이 없을까? 그들은 돌을 가지고 밥그릇 싸움을 할 것이라고 아인슈타인은 예언한 것이다. 욕심이 과해서 온 결과가 아닐까?

욕심이 과한 밥그릇 싸움은 상대의 마음을 알기는커녕 서로 공멸함을 말해 주고 있다.

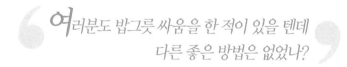

여러분도 밥그릇 싸움을 한 적이 있을 텐데 다른 좋은 방법은 없었나?

배은망덕
믿음에서 오는 착각이다

내가 살던 고향 마을에는 300년이 넘은 정자나무가 있었다. 어릴 때 다니던 초등학교는 마을에서 약 3킬로미터 떨어진 면 소재지에 있어서 학교를 오갈 때마다 이 정자나무를 지나다녔다. 어떻게 비바람과 눈을 맞으면서 300년을 견뎠을까 하고 생각했었다. 너무나 신기해서 친구 4명이 양팔을 벌려서 손에 손을 잡고 나무둥치를 둘러 에워쌌는데도 다 잡을 수가 없었다.

이 나무는 혼자 힘으로 300년을 견딘 것일까? 그렇지 않다. 아주 오래전부터 사람들이 옆으로 뻗어서 필요 없는 가지는 잘라 주었다. 또 굵은 나뭇가지 이곳저곳에는 지지대를 받쳐 주었다. 언뜻 나무가 혼자 큰 것 같지만 사람들의 관심과 도움으로 오랜 세월을 견뎌 낼 수 있었다. 사람들의 도움을 받고 자라난 나무는 은혜를 갚듯이 매년 가을이면 우리에게 황금빛 단풍을 선물한다. 한 그루의 나무도 이러한데, 우리 인간은 은혜에 보답하면서 살고 있는가?

우리는 살아가면서 타인에게 도움을 받고 은혜를 입고 산다. 그때마다 평생토록 이 은혜를 잊지 않겠다고 자신 또는 상대에게 굳게 맹세한다. 하지만 세월이 지나면서 은혜를 베푼 사람의 연락처조차도 남아 있지 않음을 알게 될 때 마음이 아프다.

'배은망덕'은 은혜를 저버리고 배신하는 태도를 이르는 말이라서 그런지 '배신'과 비슷한 어감을 준다. 우리는 일상에서 '배은망덕'한 적이 없을까? 나도 돌이켜 보면 일상에서 많은 은혜를 입고서도 잊고 살았으니 '배은망덕'했다는 생각이 든다.

러시아의 소설가 도스토옙스키(Dostoevsky)는 '배은망덕'에 대해, "인간, 도무지 은혜를 모르는 네 발 달린 짐승이다."라고 말했다. 이 말은 무엇을 의미하는 것일까. 도스토옙스키는 '배은망덕'이 인간의 본성 중 하나라는 것을 말하고 싶었던 것이다. 그렇다면 도스토옙스키는 인간의 본성을 부정적으로 평가한 것일까. 혹은 인간을 믿어서는 안 될 존재로 본 것일까. 둘 다 아닌 것 같다. 인간의 기억과 정서적인 면은 완벽하지 않다는 것을 이야기한 것이다. 사람을 믿되 쉽게 믿지 말라는 것이다. 인간이 완벽할 수 없다는 것은 살아가면서 더욱 공감이 되고 와닿는 이야기이다.

살면서 부정적인 상황에 직면했을 때 인간의 부족함에 대해 인정하고 생각해 본다면 정서적으로도 더 안정될 것이다. 상대방에게 완벽을 기대하지 않아 스트레스 받을 일도 없을 것이다. 물론 언제나 진실하고, 친절하고, 정의롭게 살아가려고 노력해야 하지만 인간은 연약해서 항상 그럴 수만은 없다.

그런데도 부모들 중에는 자녀가 완벽하기를 바라는 경우도 있다. 이런 부모는 자녀가 학교에 결석하지 않고, 공부 잘하고, 학원 잘 다니고, 게임을 하지 않고, 나쁜 친구와 어울리지 않고, 친구들과 싸우지 않고, 부모 말을 잘 듣길 바란다. 자녀가 이렇게 부모의 뜻에 잘 따라준다면 부모는 마음이 놓일 것이다. 주위의 사람들은 이런 자녀를 둔 부모를 부러워한다. 주변인들은 그런 자녀를 두고 일명 '엄친아'라고도 말한다. 하지만 이런 부모의 경우 막상 자녀에게는 관대하지 못하다. 부모는 자신이 만들어 놓은 틀 속에 맞추어 자녀가 행동하기를 원하기 때문이다. 자녀는 자신의 틀보다는 부모의 틀 속에 맞추어 행동하려고 한다. 이런 과정에서 자녀는 심리적으로 매우 불안한 사람으로 성장할 가능성이 크다. 이와 관련한 상담사례가 있다.

특목고에 다니는 자녀의 학부모와의 상담이었다. 평소 부모의 말을 잘 듣고 학교에도 잘 다니던 자녀가 갑자기 자퇴한다고 했다. 부모가 자퇴를 반대하자 집에서 물건을 부숴 던지는 등 난동을 피워 감당할 수 없다고 했다. 이 난감한 상황을 어찌해야 좋을지를 몰라서 상담하러 왔다고 했다. 자녀는 자신의 삶이 없는 것처럼 느껴지고 부모를 위해 모든 것을 참고 사는 것 같아 너무 힘들었다고 했다. 부모는 이런 점을 잘 몰랐다고 했다. 부모는 자녀가 그저 착한 모범생으로 아무런 문제가 없는 줄로만 알고 있었다.

분석한 결과, 자녀는 분석력이 있고 옳고 그름이 분명한 성격으로 아이큐 역시 높았다. 그리고 생각이 많아 이것저것 많이 따지는 성격이었다. 부모도 똑같아서 이들은 부딪힐 수밖에 없었다. 이런 성격의 사람들은 대부분 승부욕이 있어 공부는 잘할 수 있다. 또 주위 사람들의 눈치도 많이 보고 인정 욕구가 크기 때문에 누군가 공부 잘한다고 인정해 주면 그 기대치에 부응하기 위해서 공부를 더 열심히 한다. 하지만 자신의 기대치에 미치지 못하면 자포자기 상태에 놓이게 되고 결국 분노를 불러일으킬 수 있다. 자녀는 이러한 상태에 있었다. 그런데도 부모는 전혀 눈치를 채지 못했다. 그저 특목고만 졸업하기를 바라고 있을 뿐이었다. 자녀가 얼마나 답답했을까. 누가 이 마음을 알아줄까.

자녀는 중학교까지 자의 반 타의 반으로 공부했다. 하지만 특목고는 날고 기는 학생들이 많아서 웬만해선 따라가기가 어렵다. 자녀는 이렇게 힘든 것에 대해 부모에게 털어놓고 얘기할 수가 없었다. 부모는 자녀의 말을 들어주려는 마음이 전혀 없어 보였기 때문이다. 자녀의 고민을 들어 보려 하지도 않고 자퇴에 대해 무조건 반대만 하니 자녀가 폭발한 것이다. 자녀의 입장이 충분히 이해되었다. 이렇게 형성된 자녀의 분노에 부모가 휘발유를 뿌린 것이다. 그동안 자녀가 자의 반 타의 반으로 부모를 위해 했던 노력들에 한계가 온 것이다.

자녀와 지금까지 힘든 점이 무엇이었고 어느 분야에 공부하면 잘할 수 있는지 그리고 학생이 좋아하고 열정을 쏟을 수 있는 분야에 대해 상담했다. 학생은 무척 좋아했다. 지금은 자신이 나아갈 방향을 알고 있으니 학교에 잘 다니고 있다.

우연히 국회 정문 앞을 지나가다 플랜카드에 이런 문구가 적혀 있는 것을 보았다. '진로 및 진학지도 패러다임 전환을 위한 공청회 — 대학 선택 기준 점수가 아니라 이젠 학과다.' 부모의 자녀교육도 이젠 변해야 한다. 자녀가 좋아하고 열정을 쏟을 수 있는 것이 무엇인지에 대해 관심을 두어야 한다.

앞의 경우와는 다르게 "내 아이는 완벽한 자녀가 아니다."라고 말하는 부모도 있다. 이런 경우에는 오히려 자녀가 안정적으로 성장할 수 있도록 부모가 도와준다. 자신이 만들어 놓은 틀보다는 자녀가 능동적으로 길을 개척해 나갈 수 있게 해 준다. 자녀는 자신이 원하는 삶을 만들어 나갈 수 있어서 심리적으로 안정된 사람으로 성장할 수 있다.

어느 날 친구가 자신의 아내랑 나눴던 이야기를 하나 더 소개한다. 친구가 아내에게 말했다. "당신은 절대로 바람 피울 여자가 아니야." 친구는 아내가 '믿어 줘서 고마워.'라고 대답할 것으로 기대했다. 하지만 아내는 전혀 예상 외의 대답을 했다.

"믿지 마. 나도 바람 피울 수 있으니까." 덧붙여 "당신이 나를 지나치게 믿으면 나를 지켜 줄 수 없잖아."라고 말했다고 한다. 충격적인 말로 들릴 수도 있다. 그러나 친구의 아내는 자신의 연약함에 대해 남편에게 솔직히 고백한 것뿐이었다.

세상에는 어떤 사람도 믿을 사람이 없다. 뒤집어 생각하면, 세상엔 나를 진정으로 믿어 주는 사람이 아무도 없는 것이다. 그렇다면 어떻게 믿음을 형성할 수 있을까. 사람에게 믿음을 줄 수 있는 가장 좋은 방법은 무엇일까.

사람을 믿되, 그가 완벽할 거라고 믿지 않는 것이다.

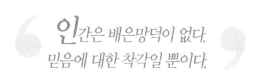
인간은 배은망덕이 없다.
믿음에 대한 착각일 뿐이다.

속물근성
배고픔이다

〈무한도전〉 유재석, 배고픔이 낳은 속물근성, 정준하 따귀 때리려 했다'라는 제목의 인터넷 기사를 본 적이 있다.

'속물근성'은 생소한 단어 같기도 하고 익숙한 단어 같기도 하다. 사전에서는 돈이나 명예, 그리고 눈앞의 이익에만 몰두하는 속성이라고 정의한다.

인간은 누군가에게 자신의 속물근성을 들켰을 때 수치심을 느낀다. 자신의 속물근성을 스스로 자각했을 때도 수치심을 느낀다. 속물일 수밖에 없는 인간은 자신에게든 타인에게든 자신의 속물적인 면이 드러나면 수치심을 느낀다.

사실 나도 이런 속물근성이 있었다. 당시에는 수치심을 별로 느끼지 못했으나 지금 돌이켜 보면 수치심을 느낀다. 나만 이런 수치심을 느꼈을까?

　속물근성은 인간 모두에게 있다고 할 수 있다. 돈이나 명예 그리고 이익에 대한 욕심으로부터 완전히 자유로운 사람은 없으니까. 어쩌면 속물근성은 누구나 갖고 있는 보편적인 속성일지도 모른다. 그러니 다른 사람에게 보이는 그러한 면을 함부로 욕해서도 안 된다. 마찬가지로 나에게 보이는 속물근성에 너무 자책할 필요도 없다. 그 또한 나 자신임을 인정해야 한다. 물론 돈과 명예만을 중시하는 부도덕한 속물근성은 배척해야 한다.

　돈과 명예를 갖기 위해서는 때때로 위험과 갈등을 감수해야 한다. 전쟁에서 사용하는 수류탄을 예로 들어 보자. 수류탄은 안전핀을 뽑은 뒤 5초 후에 터지기 때문에 안전핀을 뽑은 후 곧바로 적지를 향해 던지면 안 된다. 수류탄을 바로 던지면 적지에 던져진 수류탄이 터지지 않은 잠깐 사이에 적들이 도망가기 때문이다.

　그래서 수류탄을 던질 때는 위험을 무릅쓰고 내 손에 약 3초 정도 꼭 쥐고 있다가 적지에 던져야 제 역할을 한다고 한다. 목표가 있다면 그에 따르는 위험을 감수할 줄도 알아야 한다. 돈이나 명예뿐만 아니라 상대의 마음을 알기 위해서는 그에 따르는 위험이나 갈등도 내가 감당해야 한다.

　나는 누군가와 갈등하는 것이 두려워 중요한 것을 양보하는 경우가 많았다. 들어주기 힘든 부탁도 들어준 적이 있다. 그뿐인 가. 나의 속물근성을 들키는 것이 두려워 내 욕망을 숨긴 적도 있다. 그러나 지금은 그렇지 않다. 설사 나의 속물근성을 상대에 게 들킨다 해도 두려워하지 않을 것이다. 상대도 나와 같은 속물 근성을 갖고 있으니까.

여러분은 자신의 속물근성 때문에
고민한 적이 있는가?

무례함
남 신경 쓸 겨를 없다

'무례하다'는 말을 들어 본 적이 있는가. 태도나 말에 예의가 없음을 일컫는 말이다. 우리 사회는 최근 사소한 감정으로 무례하게 행동하는 사람이 많아진 것 같다. 먹고살기가 힘들다 보니 각박해져서 다들 남한테 신경을 쓸 여유도 없는 것 같다. 그만큼 사회는 각자 자기 위주로 생각하고 행동하게 되는 개인주의가 팽배해졌다.

"자유가 있으면 명령이 없어야 하고, 명령이 있으면 자유가 없어야 한다."라는 말이 있다. 철학자 칸트가 인간을 '자유 의지'를 가진 존재로 파악하고 동시에 도덕법칙의 '정언명령'을 강조했다. 하나의 인간을 대상으로 자유와 명령이 동시에 주어지는 것은 모순처럼 보인다. 하지만 인간은 말할 수 있는 것과 말할 수 없는 것을 구분할 줄 알아야 함을 암시하고 있다.

같은 맥락으로 "말할 수 없는 것들에 대해서는 차라리 침묵해야 한다."라는 말도 있다. 비트겐슈타인은 그의 저서 『논리철학논고』에서 '종교', '윤리', '인간의 내면'을 말할 수 없는 것으로 규정하고, 이것에 대해서는 누구도 함부로 말해서는 안 된다고 했다. 다른 사람의 내면 세계를 함부로 평가해서는 안 된다는 의미다. 그런데 우리는 누군가를 늘 평가하고 있다. 다른 사람의 성격에 대해 일상적으로 칭찬을 하기도 하고 때로는 험담을 한다.

"그 사람 심성이 착한 줄로만 알았는데 아주 못됐어." "그 사람 보기와는 다르게 아주 진국이야." 등 타인의 성격에 대해서 자기 멋대로 판단하고 평가하는 것은 무례한 독단이라고 할 수 있다. 사람은 보이는 것이 전부가 아니기 때문에 인간의 내면을 함부로 평가하는 말을 해서는 안 된다.

"언어 너머에 있는 맥락을 보라."라는 말이 있다. 인간의 언어는 한 가지 의미로만 사용되는 것이 아니므로 말 속에 숨겨져 있는 또 다른 의미를 이해해야 함을 강조한 것이다. 누군가의 말을 겉으로 드러난 의미로만 받아들이면 오해와 갈등이 생길 수 있다.

어느 해 아버님 제사에 나는 딸과 함께 동생네 집에 간 적이 있다. 딸이 동생 집에 도착해 보니 부엌에 큰엄마와 작은엄마가 같이 음식을 준비하고 있었다. 딸은 큰엄마와 작은엄마를 향해 약간 머리를 숙이면서 "안녕하세요."라고 인사를 했다. 얼마 후 큰엄마의 딸(사촌언니)이 흥분된 목소리로 딸에게 전화를 걸었다. 언니는 딸에게 큰엄마에게 인사를 하지 않았다면서 화를 냈다고 했다. 딸은 언니에게 "무슨 소리야. 나는 분명 큰엄마와 작은엄마에게 동시에 인사했어."라고 했다. 언니는 그게 인사냐고 말했다. 그럼 인사를 큰엄마 앞에 가서 "안녕하세요." 하고, 다시 작은엄마에게 가서 "안녕하세요."라고 해야 하느냐고 반문했다고 한다. 그 말에 대해 대답은 하지 않고 사회적 지위, 경제력 등 다른 이야기를 하면서 말을 얼버무렸다고 한다.

우리는 다른 사람의 행동이나 말을 우리 멋대로 해석하는 경우가 많다. 말과 행동 이면에 숨겨진 의미를 파악하지 못하면 오해를 불러일으킬 수 있다. 실제로 우리의 일상에서는 그런 오해가 흔히 일어난다.

사촌언니가 무례하다고 생각했던 딸의 행동은 실제로 무례한 행동은 아니었다. 마찬가지로 일상에서 무례하다고 생각했던 사람도 실제로는 무례한 사람이 아닐 수도 있다. 누군가의 말이나 행동을 우리 멋대로 해석해서 그가 무례하다고 잘못 생각하는 경우가 있다. 그렇다고 실제로 무례한 사람이 우리 주변에 없다는 말은 아니다. 얼마든지 있을 수 있다.

미국의 경영학자인 피어슨(Pearson)은 미국 내 직장인을 대상으로 연구한 결과, 무례함을 경험했다는 사람이 무려 96%에 이른다고 밝혔다. 주목할 만한 것은 50% 이상이 일주일에 한 번은 무례함을 본다고 대답한 것이다. 어쩌면 남을 내 기준으로 평가하는 것이 현대인들에겐 일상이 되었다고도 볼 수 있을 것 같다.

자신의 기준으로 멋대로 남을 평가하고 스트레스를 받기 전에 상대의 생활 방식이나 습관에 대해 이해하려는 노력이 있어야 한다.

"모든 사람은 자신만의 고유한 언어 규칙이 있다."라는 말이 있다. 이 말은 사람의 성격에 따라, 가정에 따라, 직업에 따라 각각의 고유한 언어와 행동의 방식이 있음을 의미한다.

우리는 때때로 "그 사람은 말을 참 함부로 해."라고 말하기도 하지만, 상대는 자신이 말을 함부로 한다고 생각하지 않을 때도 많다. 물론 말을 함부로 하는 것을 인정하기 싫어 스스로 자신의 습관을 회피하는 사람도 분명 있을 수 있다. 또한 다른 사람이 볼 때 분명히 말을 함부로 하는 사람인데 그 자신만 전혀 모르는 경우도 얼마든지 있다.

딸은 큰엄마한테 고의로 인사를 하지 않은 것이 아니라 지금껏 자신이 해 오던 인사 예절대로 행동했던 것뿐이었다. 큰엄마와 작은엄마가 같이 있어 굳이 두 번 인사하지 않은 것이 오해를 불러일으켰던 것이다.

그렇다면 저마다의 고유한 삶의 방식과 행동은 어떻게 형성된 것일까. 상담이론과 실제 상담 사례에 따르면, 모든 사람의 말 속엔 '그가 타고난 고유의 성격'과 '그가 살아온 삶의 환경과 방식'이 개입된 것 같다.

'타고난 고유의 성격'은 인간의 내면에 절대적인 영향을 미친다. 일 중심적인 사람은 그 일에 방해를 받을 때 분노가 생기고, 분석적인 사람은 논리에 맞지 않거나 무시를 당하면 분노가 생겨서 참았다가 일시에 폭발할 수 있다. 이때 언어와 행동은 당연히 거칠고 폭력적으로 표출된다.

'삶의 환경'은 타고난 고유의 성격 다음으로 인간의 내면에 많은 영향을 미친다. 성장 과정에서 부모로부터 많은 간섭과 억압을 받았다면 열등감이 생기고 자존감과 독립성이 약해질 가능성이 크다. 또한 어릴 적에 폭력적인 부모 밑에서 자랐거나 부모로부터 폭력을 당했다면 자녀도 마찬가지로 폭력적인 사람이 될 가능성이 크다.

성장 과정에서 사랑을 받고 자랐다면 긍정적인 성격일 가능성이 크고, 무시를 당하고 자랐다면 부정적인 성격일 가능성이 크다. 이처럼 인간의 성격과 환경에 따라서 각각의 고유한 삶의 행동 방식이 형성된다.

누군가의 성격에 '유별나다'라는 말이 붙어 있으면 그는 상처받은 사람일 가능성이 크다. 유난히 잘난 체가 심해서 다른 사람을 불쾌하게 하는 사람은 말 못 할 상처가 있을 가능성이 있다. 어릴 적 누군가로부터 무시당했거나 심한 억압을 받았던 상처가 있는 사람이다. 끝과 끝은 통한다는 말이 있다. 마찬가지로 '지나친 자신감'은 '열등감'과 같을 때가 있다. 자신의 '열등감'을 감추기 위해 '지나친 자신감'으로 표출하는 것이 바로 이런 경우다.

누군가의 유별스러운 말이나 행동이 그의 상처 때문이라는 것을 알게 된다면 상대를 좀 더 너그럽게 바라볼 수 있을 것이다. 이러한 의미에서 정신과 관련된 이야기를 해 보자.

우리의 정신은 과거의 경험으로부터 많은 영향을 받는다. 과거에 겪은 폭력과 억압과 열등감 같은 것은 우리의 머릿속에 그대로 지문처럼 남는다. 동시에 우리의 미래 또한 과거와 현재 겪은 것들의 영향을 받을 수밖에 없다. 결국, 우리가 과거에 겪은 상처는 우리의 현재에 영향을 미치고, 미래에도 영향을 미친다는 것이다.

한 어린이가 또래 집단으로부터 왕따를 당했다면, 그 상처는 단지 어린 시절에만 머무는 것이 아니라 그가 청년이 되고 성인이 되었을 때도 계속된다. 이처럼 지난 시절에 받은 상처는 여러 가지 형태의 정신장애로 나타나 그의 평생을 지배한다.

지금까지 말한 것을 정리하면 두 가지로 요약된다. 먼저, 누군가의 말에 무례하다고 느낄 때는 실제로 무례한 것이 아니라 그의 삶이 만들어 낸 언어나 행동일 수 있다. 그의 무례함이 내 기분을 상하게 하거나 상처를 줄 수도 있지만 그가 살아온 삶의 방식 때문임을 이해한다면 그에 대한 미움은 많이 줄어들 것이다. 물론 도무지 이해할 수 없을 정도의 무례한 사람까지 이해하라는 것은 아니다.

다음은 지나친 결벽증, 자기 자랑, 바른말, 잘 골냄으로 때때로 우리를 당황하게 하는 유별스러운 사람이 있다면 그의 그런 행동이 과거에 겪은 그의 상처 때문일 수도 있음을 생각해 봐야 한다. 무의식 속에 잠재하던 그의 상처가 그를 조종하여 내 마음을 불편하게 할 수도 있다. 하지만 그 상처를 이해한다면 나는 그 전보다는 상냥한 시선으로 그를 바라볼 수 있을 것이다.

다른 사람이 나를 볼 때 나는 어떤 사람일까. 스스로는 지극히 무난한 성격의 사람이라고 장담해도 남의 눈에는 그렇지 않을 수 있다. 내가 알고 있는 '나'와 실제의 '나'는 다를 수 있다. 때문에 다른 사람이 자신의 상처를 모르고 있는 것을 내가 감싸 줄 수 있고 그 사람도 내가 모르고 있는 내 상처를 감싸 줄 수 있다.

여러분은 자신에 대한 무례함은 없는가?

당신
겉과 속이 달라

나는 귤을 무척 좋아한다. 그래서 후식으로 귤을 자주 먹는다. 어느 날 딸과 같이 귤을 먹으면서 딸에게 "귤처럼 향기롭고 겉과 속이 똑같은 딸이었으면 좋겠다."라고 말했다. 딸은 잠시 생각 후 "난 그런 것은 싫어해."라고 답했다. 나는 의아하게 생각되어 다시 물었다.

"왜 그럴까." 딸은 약간 화난 표정과 상기된 목소리로 겉과 속이 똑같은 사람으로 살 수가 없다고 했다.

"아빠 말대로 살면 인간관계에서 백전백패니까."라고 하는 딸의 말에 나는 귀가 번쩍했다. 내 말에 대해서 다시 한 번 생각해 보게 되었다. 겉과 속이 똑같고, 말과 행동이 완벽하게 일치하고, 결코 남을 속이지 않는 백 퍼센트 진실한 사람은 찾기 힘들 것이다. 모든 사람이 겉과 속이 똑같이 행동하면 지금보다 더 평화로

울까. 그렇지 않을 것이다. 오히려 세상은 지금보다 훨씬 더 혼란스러워질 가능성이 높다.

우리는 종종 텔레비전의 뉴스에서 폭행과 살인 사건을 본다. 가해자들은 자신의 성격이나 감정을 숨기지 않고 있는 그대로 드러냄으로써 사고를 일으킬 때가 많다. 사람들이 각자 마음속에 품고 있는 들끓던 분노를 참지 못하고 그대로 표현한다면 세상은 전쟁터가 될 수도 있다. 생각만 해도 섬뜩하다.

원만한 사회생활과 대인관계를 위해 사람들은 어쩔 수 없이 가면을 써야 할 때가 많다. 물론 그런 사람을 가식적이라고 말하는 사람도 있을 것이다. 하지만 어느 정도 자신을 감추는 태도가 있어야 인간관계를 평화롭게 유지할 수 있는 것이 현실이다.

인간은 누구나 정도의 차이만 있을 뿐 난폭함을 가지고 있다. 감정이 이끄는 대로 난폭함을 표출한다면 세상은 어떻게 될까. 생각만 해도 끔찍하지 않은가. 가정도 학교도 기업도 다 엉망이 될 것이다. 그래서 감출 필요가 있는 감정과 행동은 감추어야 한다.

사랑이란 감정은 순수하기에 숨기기보다 그 감정 그대로를 상대에게 표현해야 한다는 사람도 있다. 이들은 연인 사이의 밀당은 자신과 상대방의 감정을 기만하는 행동이고 진정한 사랑에서 나올 수 있는 행동이 아니라고 말한다. 이 말에 공감하는가.

자신의 감정을 감추지 않고 상대를 향해 화살처럼 날려 보내는 것이 순수한 사랑일까. 아닐 수도 있다. 내 감정을 속이지 않는 것과 순수한 것은 분명 다른 것이다. 자신의 마음을 꾸밈없이 보여 주는 것을 '순수'라고 착각하는 경우가 있다. 내 마음을 다 보여 주는 것은 어쩌면 순수한 것이 아니라 성숙하지 못한 것이다. 때로는 내 마음을 감출 수 있어야 한다. 내 마음을 적절히 감추고 상대의 마음까지 헤아리는 것이 진정한 사랑이고 배려가 아닐까.

솔직하다는 말은 내 마음에 있는 것을 숨김없이 모두 말하는 것이 아니라 나만 알고 있어야 하는 것을 내 안에 간직하는 것도 더 큰 의미의 솔직함이다. 나를 지키기 위한 가면이기도 하지만 상대를 배려한 가면이 필요한 것이다. 배려심 깊은 사람은 내 감정만 생각하지 않고 상대방의 감정까지도 고려한다.

나도 모르는 나, 내게도 낯선 나를 어느 날 문득 만난다는 것은 삶이 나를 위해 감추어 놓은 비밀 같은 것이 아닐까. 그래서 상대 마음을 알고자 한다면 배려심이라는 가면이 있어야 하겠다.

여러분은 겉과 속이 다르게 행동한 적이 있는가?

갑질
똑바로 해라

　최근 수도권의 한 백화점 매장에서 직원들이 여성 고객 앞에서 무릎을 꿇고 사과하는 영상 장면을 본 적이 있다. 한마디로 고객이 '갑질'을 한 것이다. '고객이 왕'이라는 말을 한참 오해해서 생긴 일이다.

　원래 '갑질'이라는 말은 법적 계약서에서 계약 당사자를 '갑'과 '을'로 표기하는 데에서 비롯되었다. 상대적으로 강자를 갑, 약자를 을로 표현하고 여기에 부정적인 행동을 뜻하는 말인 '질'을 붙여 '갑질'이라는 말이 생긴 것이다. 즉, '갑질'이라는 말의 의미는 '힘 있는 사람의 비뚤어진 특권 의식'이라고 할 수 있다.

　위의 사건뿐 아니라 올 초 대형 항공사에서도 항공사의 경영자가 직원에게 폭언을 하고 무릎을 꿇리는 등 갑질 논란이 일어났다. 이런 사건이 생겨나는 이유는 뭘까. 아마도 우리 사회에

유난히 자존심만 내세우고 자존감은 낮은 사람이 많기 때문은 아닐까 싶다.

'자존심'과 '자존감'의 차이는 무엇일까.

분명한 차이가 있다. 자존심은 '남에게 굽히지 않고 스스로의 품위나 가치를 지키려는 마음'이다. 나 자신이 생각하는 스스로의 가치가 타인과의 관계로 결정된다는 의미다. 우리는 이따금씩 '마지막 남은 자존심'이라는 말을 쓰는데, 이것은 자신의 최소한의 가치를 지켜 낼 수 있는 중요한 마음이라는 의미이다. 하지만 우리 주변에서 유별나게 자존심을 내세우는 사람은 다른 사람과의 관계에서 쉽게 상처를 받고 열등감을 느낀다. 그들은 자신의 열등감을 숨기기 위해서 그런 행동을 하는 경우가 많다.

이에 비해 자존감은 나 자신을 스스로 가치 있게 여기고 존중하는 마음이다. 다른 사람과의 관계에 영향을 받지 않는다. 자존감이 높은 사람은 다른 사람들에게 상관없이 일관된 마음으로 자기 자신을 대한다. 다른 사람이 자기보다 뛰어나다고 위축되지도 않고, 자기보다 못 하다고 우월감을 느끼지도 않는다. 타인의 실수에 너그럽다. "그럴 수도 있지 뭐. 괜찮아."라고 할 수 있다. 또한 다른 사람의 업적이나 뛰어난 점에는 칭찬을 아끼지 않는다. "정말 대단해. 나 같으면 그렇게 못했을 것 같아."라고 말할 수 있다.

자존감이 낮은 사람은 자신의 부족함이나 열등감을 받아들이지 않는다. 사람들이 두려워서 피한다. 자신을 다른 사람과 비교하기 때문에 다른 사람의 단점을 지나치게 비판하거나, 다른 사람의 성공을 질투하고 시기하며 애써 별것 아닌 것으로 생각한다.

자존감이 낮은 사람의 특징은 '자만심'과 '자격지심'을 동시에 갖고 있다는 점이다. 그들은 수직적 관계에서 다른 사람들을 자신과 비교한다. 자만심은 자신을 위에, 다른 사람들을 밑에 둔다. 반면 자격지심은 자신이 다른 사람보다 밑에 있다고 생각한다. 자기가 한 일에 대하여 스스로 미흡하다고 생각하는 마음이다.

일반적으로 자존감이 낮은 사람들이 '갑질'을 한다. 자신보다 강한 사람에게는 지나친 희생을, 약한 사람에게는 함부로 대하는 경향이 있다. 열등감과 자격지심의 마음가짐으로 자신을 평가하며 있는 그대로의 자신을 인정하지 않기 때문이다. 남들보다 더 우월하고 싶은 욕구가 강해서 약자에게 횡포를 부리는 심리를 가진 사람이 '갑질'을 하게 된다. 이것이 바로 자만심이다.

그렇다면 어떻게 자존감을 키울 수 있을까.

우리는 어려서부터 학교에서 서로 경쟁하며 등수를 매기고 타인과 비교당하는 환경에서 자라 왔다. 성인이 되어서는 조직에서 살아남기 위해 경쟁 상대들을 끊임없이 의식하고 자신과 비교하면서 살아간다. 또한, 우리 사회는 다른 사람의 시선을 끊임

없이 의식하고 어디서든 체면을 차리려는 생각이 만연해 있어 자존감을 키우기가 쉽지는 않다.

하지만 건강한 자존감을 키우기 위한 방법은 의외로 간단하다. 먼저 자신을 긍정적으로 인식하고 있는 그대로의 나를 인정하는 것이다. 남과 비교하여 자신을 책망하지 말고 나만의 강점을 칭찬하고 실패하더라도 자신에게 용기를 북돋워 주어야 한다.

자존감에 영향을 주는 것은 겉으로 드러나는 외모나 환경, 학력이 아니다. '나는 소중한 사람이고 실수를 할 수도 있고 완벽하지 않지만 지금 이대로가 좋다.'고 생각을 한다면 자존감은 높아질 것이다.

여러분은 '갑질'을 해 본 적이 있는가?

비판
험담이 아니다

　　아내는 "건강을 위해서 음식을 골고루 먹어야 한다."라고 가족들에게 누누이 말한다. 나도 그 말에 적극적으로 동의한다.

　　음식을 골고루 먹는다는 것은 내가 좋아하는 음식만 가려 먹는 것이 아니라 건강에 좋은 것이라면 싫어하더라도 먹어야 한다는 말이다. 내 입맛에 맞는 음식만 골라 먹다 보면 건강을 해칠 수도 있다. 우리 가족은 무, 다시마, 버섯, 된장 등 다양한 재료를 한꺼번에 넣어 끓인 된장찌개를 자주 먹는 편이다. 물론 애들 입맛엔 된장찌개보다 인스턴트 음식이 더 맞을 수도 있다.

　　건강을 위해서 입맛에 맞지 않는 음식도 먹어야 하는 것처럼 내가 싫어하는 사람과도 인간적인 관계를 맺을 수 있어야 한다. 내가 좋아하는 사람만 내 곁에 둘 수 없고, 또 그 사람이 반드시 내게 유익만을 준다고 할 수 없다. 오히려 그가 불이익을 줄 수도 있다.

그럼 어떤 사람과 인간적인 관계를 맺는 것이 좋을까. 나를 아껴 주는 사람 또는 내가 아껴 줄 수 있는 사람과 끈끈한 관계를 만들어 나가야 한다. 서로가 아껴 줄 수 있는 관계가 가장 건강하고 좋은 관계이다.

나를 아껴 주는 사람이란 나를 믿어 주고, 격려해 주고, 배려해 주고, 칭찬만 해 주는 사람일까. 우리는 그렇다고 생각하기 쉬우나, 사실 그렇지만은 않다. 진정으로 나를 사랑하는 사람이라면 때로는 나를 위해 애정 어린 비판도 해 줄 수 있어야 한다. 하지만 실제로 누군가의 진심 어린 비판을 받아들이긴 쉽지 않고, 인정하긴 더욱 어렵다. 대부분의 사람은 자신에 대한 비판을 '적의'나 '반감' 같은 것으로 오해하기 때문이다.

사실 나도 다른 사람의 비판을 받는 것에 대한 두려움이 있다. 진심 어린 비판을 두려워할 일은 아닌데도 말이다. 누군가 자신을 자극하고 긴장시키지 않는다면 정신적인 성장과 발전이 멈출 수도 있다. 그래서 내 생각을 비판하는 사람이 있더라도 그것을 불편하게만 받아들이지는 말아야 한다. 누군가가 내게 던진 비판 중엔 마음에 새겨야 할 내용도 있고, 그런 올바른 비판은 받아들일 수 있어야 성장할 수 있다.

비판하는 사람보다 더 무서운 건 침묵하는 사람이다. 마음속으로 나를 비웃고 깔보고 조롱하는 사람이다. 실제로 이런 사람이 주위에 꽤 있다. 겉으로는 웃고 있지만, 그 웃음 속에 비난의 칼날을 감추고 내가 허물어지기를 바랄 수도 있다.

침묵보다 더 무서운 것은 모든 사람에게 배려하는 것이다. 모든 사람에게 배려하는 사람은 자신의 속내를 타인에게 잘 드러내지 않으려는 경우가 많다. 모든 사람에게 배려하는 사람은 반대로 아무에게도 배려하지 않는 사람일 수도 있다.

모든 사람에게 배려하는 사람은 자신의 억눌린 감정을 폭발시킬 소수의 희생양을 찾게 된다. 그 희생양은 대부분 자신의 가족이거나 자신보다 약한 사람들이다. 그렇다면 우리가 진정으로 경계해야 할 사람은 항상 배려하는 사람일 수도 있다. 설령 불만도 참고 치미는 화도 참고, 모든 사람에게 배려할 수 있다고 해도 그것은 겉치레일 수도 있다. 이 같은 겉치레는 인간의 마음을 거스르는 것이니 오래가지 못한다.

사실 모든 사람을 배려한다는 것은 불가능하다. 어쨌든 진정으로 배려하는 사람이 되려면, 사랑하는 사람에게 진심 어린 비판을 할 수 있고, 자신에 대한 비판도 받아들일 수 있어야 한다.

흔히 비판과 비난 그리고 충고를 같은 뜻으로 오해하는 경우가 있는데, 이 세가지는 분명한 차이가 있다. 충고는 자신에게 우월감이 들어 있는 경우이고, 비판은 상대에 대한 염려가 들어 있는 경우고, 비난은 상대를 부정적으로 보는 경우다. 비판은 장려되어야 하지만 비난은 자제해야 한다.

내가 처음에 대학 교재를 쓸 때 주위 사람들에게 많은 비난과 비웃음을 받았었다. 대학 강의 경력도 짧은데 무슨 실력으로 책을 쓸 것이며, 설사 책을 쓴다고 하더라도 누가 그 책을 사서 공부하겠느냐라는 말까지 들었다. 한숨만 나왔지만, 포기하지 않고 노력에 노력을 한 끝에 원고를 완성했다. 그러나 이후 더 큰 문제는 출판사에서 출판을 해 주지 않는다는 것이었다. 여러 번 거절당했다. 그 후 오랫동안 원고의 내용을 고친 후 네 번째 출판사에서 비로소 대학 교재를 출간할 수 있었다.

이제는 어느덧 6권의 대학 교재를 출간하여 많은 학생으로부터 사랑을 받고 있다. 네 번의 거절이 없었다면 출판사 담당자로부터 문제점을 듣지 못했을 것이다. 또 내 문제점을 고치지 않았다면 많은 책을 쓸 수 없었을 것이다. 나의 재능이 아무리 보잘것없다고 해도 네 번의 거절이 있어서 내가 가지고 있는 재능을 최대치까지 끌어올릴 수 있었다. 내가 쓴 원고의 문제점을 누군가 말해 줄 때마다 마음은 아팠지만 그들의 의견을 반영하다 보니 원고의 내용은 점점 더 좋아짐을 느낄 수 있었다. 비판을 받지 않는 글은 자신이 만든 진리 속에 빠져 있어서 문제점이 보이지 않는다. 글은 나 혼자만 좋아하는 글이 아니라 다른 사람도 공감하는 글이 되어야 하므로 비판은 감수해야 할 몫이다.

사람은 누군가의 진심 어린 비판을 통해서 비로소 깨닫게 된다. "태양만 바라보고 살면, 너의 그림자를 못 본다."라는 말이 있다. 헬렌 켈러(Helen Keller)가 한 말인데, 인정만 받고 싶어 하는 인간의 마음을 질타한 것이다. 비판 없이 인정만 받으려고 하는 사람은 자신의 참모습을 볼 수 없다.

사람은 누군가로부터 올바른 비판을 받아야 성장하고 발전한다. 나를 비판한 사람 중엔 진실로 나를 사랑했던 사람도 있었음을 기억할 줄 알아야 한다. 학문의 목적은 올바른 비판 정신을 기르기 위해서라는 말도 있다. 비판을 험담으로 받아들여서는 안 된다는 것이다.

비판을 통해서 다른 사람의 마음을 알 수 있다. 한편 진정으로 다른 사람의 마음을 알고 싶다면, 먼저 내 마음을 알아야한다. 내 마음도 알지 못하는 사람이 어찌 다른 사람의 마음을 알 수 있겠는가.

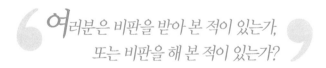

여러분은 비판을 받아 본 적이 있는가,
또는 비판을 해 본 적이 있는가?

인정
자만심은 독이다

    누구나 인정받고 싶어 하는 욕구가 있다. 인정받고 싶은 욕구는 인간의 아주 높은 단계의 욕구이다. 미국의 심리학자이자 철학자인 매슬로(Maslow)는 인간의 욕구를 5단계로 구분하였다.

    1단계 욕구는 먹고 사는 것이다. 이것이 해결되면 2단계에서는 위험으로부터 안정을 원한다. 2단계 욕구가 해결되면 3단계로 사람들과 유대관계를 맺으면서 살기를 원한다. 3단계 욕구가 해결되면 4단계에서는 누군가로부터 존경과 인정을 받고 싶어 한다. 이것이 해결되면 마지막 5단계에서는 자신이 원하는 목표를 달성하고 싶어 하는 자아실현의 단계에 이른다.

    인정받고 싶은 욕구는 4단계에 해당하였다. 그만큼 인간은 누군가로부터 인정받고 싶어 하는 욕구가 강하다. 인정받고 싶은 욕구와 관련하여 다음 이야기를 보자.

어느 날 갑자기 ○○○대학교 국제학부에 다니는 1학년 아들이 이런 말을 했다.

"아빠! 학교 자퇴할래요."

그 말을 듣는 순간 너무 황당하여 말을 잊었다. 잠시 생각 후 아들에게 질문했다.

"아들! 학교 자퇴하면 무엇을 하고 싶은데."

아들은 머뭇거리다가 공무원 시험공부를 하겠다고 했다.

"그럼 해 봐. 할 수 있을 거야."

아들의 마음이 어떻게 변할지 모르니 자퇴 대신 휴학을 하고 공무원 시험공부를 하라고 했다. 그렇게 아들은 용기를 갖고 공무원 시험공부를 해 봤지만 생각보다 쉽지 않다는 것을 알게 되었고 결국 중도에 포기했다. 이후 아들은 자포자기한 듯 게임에 빠졌다. 나도 아들도 답답했다. 심각한 상황이라 판단되어 아들과 진지하게 대화를 했다.

아들이 학교를 가지 않으려 했던 이유는 학교에서 영어를 필수로 4과목을 수강해야 하는데 도저히 따라갈 수가 없다는 것이었다. 중국에서 고등학교를 다녔으니 영어 실력은 중학교 수준이라 그럴 수밖에 없었다. 다급해져서 필리핀에 있는 지인을 통하여 어학연수로 2개월을 보냈는데 놀라울 정도로 영어 실력이 향상되어 돌아왔다. 영어 회화는 거의 미국에서 몇 년 정도 살다가 돌아온 사람만큼이나 잘하게 되었다. 학교에 복학하여 영어 수업을 따라가는 데 전혀 무리가 없었다. 너무나 기쁘고 신기하다는 생각도 들었다.

나는 심리학적인 분석을 통해 아들의 진로를 탐색해 보았다. 아들은 아이큐는 140 이상으로 지능적인 면에서 뛰어났고, 언어적인 면에서도 소질이 있었다. 2개월 남짓한 시간에 영어 실력이 크게 향상된 것에는 이러한 이유도 있었다. 토론과 발표, 영어를 잘할 수 있다는 확신을 하고 미래에 대한 전반적인 진로 방향을 제시했다.

취업 목표를 무역협회로 정하자고 했다. 아들은 깜짝 놀라며 말도 안 된다고 했다. 무역협회는 서울대 학생, 미국에서 공부한 학생, 전문직에 있는 변호사, 회계사 등도 들어가기 힘든 곳이라고 했다. 그러면서 중상위권의 대학에 다니는 자신으로서는 무역협회에 입사하는 것은 불가능하다고 했다.

내가 직접 분석한 결과를 토대로 아들에게 다시 한 번 자세한 설명을 했다. 일단 무역협회가 무엇하는 곳인지를 알아보기 위해 협회의 홈페이지를 들어가 보았다. 지인을 통해 협회에서 원하는 인재상도 파악했다. 이에 맞춰 1학년부터 찬찬히 준비하면 무역협회에 충분히 입사할 수 있다는 자신감을 심어 주며 격려도 해 주었다.

내 말을 믿고 복학한 아들은 그 후 차근차근 준비하여 무역영어 등 여러 개의 자격증을 취득했다. 또 학교에서 주체하는 영어 발표대회에서 1등을 하고, 토론대회에서 2등을 하며, 전과목 성적이 모두 A⁺로 전액 성적장학금도 받았다.

그 결과 현재 2학년인 아들이 2학년으로서는 유일하게 무역협회 인턴에 합격했다. 무역협회에서 뽑는 인턴은 일반적으로 4학년이 많이 합격한다. 빠르면 3학년이다. 평소 아들은 나와 대화를 많이 했기에 떨지 않고 능청스럽게 면접을 봤다고 한다. 면접관이 "어찌 이렇게 말을 잘하느냐."라고 했단다. 지금 아들은 무역협회 입사를 확신하고 있고, 내가 어떤 말을 해도 믿으며 거의 따르고 있는 편이다. 설사 무역협회 입사에 실패한다고 해도 아들은 그보다 값진 경험과 성장을 성취해 낼 것이다.

이 얘기는 아들 자랑을 하고자 한 것은 아니다. 사람은 아무리 능력이 있어도 그 능력을 찾지 않으면 무용지물과 같다는 것을 말하고 싶다. 능력은 자신이 스스로 찾을 수도 있고, 그렇지 않으면 다른 사람이 찾아 주어야 한다. 다른 사람에게 인정받지 못하면 어느 순간 내가 나를 인정하지 못하게 된다. 다른 사람으로부터 인정받는 것은 그래서 중요하다.

서울대 최인철 교수는 행복의 세 가지 조건 중 하나로 다른 사람에게 인정받을 때 비로소 행복을 느낄 수 있다는 것을 제시한다. 지금까지의 이야기와 일맥상통하는 말이다.

자신이 한 일에 대해 누군가에게 인정받고 싶어 하는 것이 사람의 기본 마음이라 했다. 그런데 숭실대 남정욱 교수가 신문 칼럼에 다음과 같은 글을 쓴 적이 있다. "오른손이 하는 일을 왼손만 모르고 세상 모든 사람이 다 알 수 있도록 하라." 이건 무슨 의미일까.

오른손과 왼손은 마주 보면서 서로를 감시하고 있다. 그런데도 오른손이 하는 일을 왼손이 모르게 하라는 것은 아마도 누군가를 도울 때 우월감에 빠지는 것을 경계하라는 뜻인 것 같다.

그런데 왜 '세상 모든 사람이 다 알 수 있도록' 하라고 했을까. 우월감에 빠질 수 있는 자신의 마음은 경계하되 자신이 선행한 사실은 사람들에게 알려야 한다는 것이다. 선행한 사실을 알리지 않으면 누구도 알 수 없다. 사람들이 알아야 내가 인정받을 수 있고, 사람들의 마음도 알 수 있다. 조용히 선행하는 것도 아름답지만, 자신의 선행을 알려 인정을 받을 필요도 있다는 말이다.

누구에게도 인정받지 못하는 사람은 결코 행복하지 않다. 화를 내는 것도 누가 나를 인정해 주지 않을 때라고 한다. 다른 사람의 마음을 알고 싶으면 될 수 있는 한 상대를 인정해 주어야 한다. 상대를 인정해 주는 것은 상대가 살아갈 이유를 말해 주는 것이고, 상대의 마음을 알 수 있는 좋은 방법이기 때문이다. 설사 상대를 인정해 줄 것이 없다고 해도 유심히 관찰하면 분명 한두 가지쯤은 인정해 줄 것이 있을 것이다.

그러나 누가 나를 인정해 주지 않는다고 해서 불평해서는 안 된다. 불평에 앞서 그만한 노력을 해야 한다.

『논어』에 "자기를 알아주지 않는 것을 근심하지 말고 알아

줄 만한 사람이 되기를 구해야 한다."라는 말이 있다. 자신이 인정받지 못할 때 인정해 주지 않는 것에 대해 불평하지 말고 누구나 인정할 수밖에 없을 정도로 노력해 보라는 의미로 해석된다.

직장 동료보다 내가 잘났다고 생각해도 그 차이가 미미한 경우, 상사는 나와 동료의 실력을 구별하기 어렵다. 그 경우 나를 인정해 주지 않는다고, 몰라 준다고 화내며 상사를 원망하는 것은 착각에 따른 분노다. 차이가 미미해서 나를 알아봐 주지 않는다면 동료보다 압도적으로 앞지르면 된다. 그러면 상사는 당연히 나를 인정할 것이다.

어찌 보면 이때부터가 중요할지도 모른다. 누군가에게 인정을 받으면 자칫 우월감이나 자만심에 빠질 수 있기 때문이다. 인정을 받더라도 너무 자만하지 않도록 자기 자신을 잘 살펴야 한다. 자만심은 독이 된다는 것을 알고, 꾸준하게 노력하여야 한다.

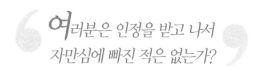

여러분은 인정을 받고 나서
자만심에 빠진 적은 없는가?

이성
어리석음이 동시에 존재한다

인간은 매우 이성적인 것 같지만 감성적으로 말하는 경우도 많다. 어느 날 중소기업을 운영하는 지인이 나를 찾아왔다. 그는 회사에 많은 이익을 내는 미혼인 직원과 이익을 적게 내는 부양가족 있는 직원이 있다고 했다. 현재 회사의 경영난으로 그중 한 명을 해고해야 하는데, 누구를 해고해야 할지 고민이라고 털어놓았다.

여러분이라면 누구를 해고해야 한다고 생각하는가.

일반적으로 회사에 이익을 적게 내는 직원을 해고할 것이다. 물론 능력이 있는 직원을 해고하는 경우도 있다. 그렇다면 이익을 적게 내는 직원을 해고하는 것이 과연 이성적인가. 이 질문에 선뜻 대답하기가 쉽지 않다. 다음 글을 통해서 이성에 대해 좀 더 쉽게 접근해 보고자 한다.

『고도를 기다리며』라는 작품이 있다. 이 작품은 아일랜드 출신의 작가 사무엘 베케트(Samuel Beckett)가 연극 무대에 올리기 위해 쓴 희곡이다. 이 작품을 놓고 최고의 연극이라고 하는 사람도 있고, 재미없어 죽는 줄 알았다며 이게 무슨 세계적인 작품이냐고 하는 사람도 있다. 심지어는 말도 안 되는 소리를 말라고 비아냥대는 사람도 있다. 이 작품의 희곡에 대한 평가와 연극에 대한 평가가 각각 다르기 때문이 아닐까. 그 평가가 어떠하든 결국 노벨 문학상 수상자의 작품이라는 것만으로도 문학성이 뛰어나다는 점은 분명해 보인다.

이 작품의 줄거리는 바보 같은 두 명의 주인공이 한 그루의 나무가 서 있는 쓸쓸한 시골길에 서서 '고도'라는 사람을 무작정 기다리는 것이 전부다. 그러다 보니 작품 속엔 흥미를 끌 만한 장면이 전혀 없다. 게다가 '고도'가 누구이며 무엇을 하는 사람이고 왜 기다리는지에 대하여 작품 속에 나타나지도 않는다. 독자들은 답답하고 궁금증만 더해 간다.

어떤 사람이 작가에게 "도대체 고도가 누구냐."라고 물었다. 이 물음에 대한 대답은 유명하다. 작가는 '고도'가 누구인지 알았으면 자신이 작품 속에 썼을 것이라고 했다. 작가 자신도 모른다는 이야기다. 작가도 모르는 작품을 왜 읽어야 하는지 하는 생각도 든다.

작가가 이 작품을 통해 우리에게 주고 싶은 메시지는 무엇이었을까. 작품 속의 두 주인공이 '고도'가 언제 온다는 확신도 없이 마냥 기다리는 것처럼 우리 일상의 삶도 지루하고 불확실하지만 참고 인내하며 살아가야 한다는 메시지가 아닐까. 사람들은 지루함을 회피하기 위하여 애써 일상에 의미를 부여하고 싶어 하지만 그다지 오래가지 못한다. 즐거움이라는 것도 결국은 잠시 지나가는 것이기 때문일 것이다.

작가는 단조롭기 짝이 없는 보편적인 인간의 삶을 자신이 꾸며 낸 이야기로 과장하거나 축소하고 싶지 않았을 것이다. 끊임없이 무엇인가를 소망하며 살아가는 반복적이고 지루한 인간의 삶을 작가는 작품을 통해서 우리에게 그대로 보여 주고 싶었을 것이다. 작가는 작품 속에 나오는 바보 같은 두 명의 주인공의 모습을 통해 우리의 모습을 보여 주었다. 인간은 지극히 이성적인 것처럼 보이지만 실제로는 그렇지 않은 경우가 더 많다는 것을.

앞에서와 같이 직원을 해고해야 할 경우, 이성적이라면 능력이 부족한 직원을 해고해야 한다. 하지만 종종 능력이 있는 직원을 해고하는 경우가 있다. 이성보다는 감성에 따른 선택이다.

이 작품을 보는 사람들은 '고도'가 나타나기를 애타게 기다리지만 고도는 끝내 나타나지 않는다. 이 작품의 마지막 부분에 '고도'를 기다리는 두 주인공 앞에 한 소년이 아주 잠시 나타난다. 그는 두 주인공에게 '고도'는 내일 올 것이라고 전한다. 두 주인공은 전혀 기뻐하지 않는다. '고도'가 내일 꼭 올 것이라는 확신이 두 주인공에겐 없기 때문일 것이다. 그만큼 우리의 일상이 불확실하다는 것을 암시하고 있다. 어쩌면 이 작품의 위대함은 지루하기 짝이 없는 일상 속에서도 막연하지만 그 무엇인가 좋은 일이 생길 거라고 기대하는 인간의 집요함과 어리석음 때문에 만들어진 것이다. '고도'가 올 거라는 막연한 소망을 하고 기다리는 두 주인공의 어리석은 모습을 통해 독자들이 주인공을 닮은 자신을 바라보게 한 것이다.

『고도를 기다리며』는 고전(古典) 작품이다. 그런데 지금도 사랑받는 이유는 무엇일까. 위대한 것들은 대체로 그것을 알아볼 수 있는 명민(明敏)함 때문에 위대한 것이 아니라고 한다. 어쩌면 위대한 것들은 인간의 어리석음이나 나약함을 기반으로 위대해지는 경우가 많다. 역사적으로 폭력적인 히틀러가 한때는 '위대한 히틀러'가 된 것은 어리석은 민중을 기반으로 삼았던 것과 같은 비슷한 이치이다. 이런 의미에서 '위대한 것은 인간의 결함을 토대로 한다'는 파스칼의 말에 공감한다.

어느 누군가가 나에게 이성적이냐고 물었을 때 나는 '그렇지 않다'라고 말했다. 내 생각과 행동 속엔 어리석음이 분명히 존재한다. 이런 관점에서 인간은 이성으로만 행동하지 않는다. 그래서 이성에 대한 대답이 힘든 것이다.

이 작품 속에 등장하는 바보 같은 두 주인공이 애타게 기다렸던 '고도'는 이성적으로 행동하고 있다. 현재의 일상은 힘들지만 언젠가는 만남이 올 거라는 '희망'을 기대하고 있으니까. 인간은 희망이 있을 때 존재 가치와 이유가 생긴다.

인간은 옳고 그름에 대한 이성적 판단을 할 수 있을까. 그 상황에 따라서 다르게 판단한다. 자신에게 이익을 주면 옳고, 불이익을 주면 옳지 않다고 판단하는 것이 인간이다. 사람들이 보상을 받을 때는 자신의 수입을 과대하게 계산하고, 세금을 낼 때는 과소하게 신고하는 경우와 같다. 심하게는 자신이 책임질 일이 있을 때는 '도무지 기억이 나지 않는다'고 하고, 이익과 권리의 다툼이 있을 때는 '내 이 두 눈으로 똑똑히 보았다'고 하면서 자신이 이성적인 존재임을 강조하고 항변한다.

손익에 따라 휘청대는 인간이 이성적인가.

철학자 칸트는 『실천이성 비판』에서 인간은 이성이 있음으로써 다른 동식물과 구별된다고 했다. 또 자신의 행위에 책임을 지지 않는다면, 이성의 존재자로서의 왕관을 내려놓아야 한다고도 했다. 인간은 분명한 이성이 있어야 함을 강조한 것이다.

6 *여러분은 이성에 치중한 삶인가,*
감성에 치중한 삶인가? **9**

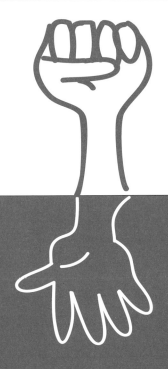

' 때론 상대의 그림자까지도
봐야 한다 '

인간의 마음
양날의 칼이다

    분별력은 인간만이 가지고 있는 위대한 힘이다. 그런데 인간의 행복과 불행은 대부분 분별력에 따라 결정된다고 한다.

    분별력을 결정하는 중요한 요소가 있다. '인간의 본성'에 대한 깊은 이해를 갖는 것이다. 이것을 통해서 자신이 분별력이 있는 사람인지 아닌지를 알 수 있다. 자신이 '인간의 본성'에 대한 깊은 통찰을 하는 사람이라면 분별력을 발휘할 수 있다. 물론 분별력을 결정하는 요소가 모든 인간에게 동일하게 적용된다고 볼 수는 없다. 삶의 환경이나 조건에 따라 분별력인 '인간의 본성'에 차이가 있을 수 있기 때문이다.

    '인간의 본성'을 알아야 분별력을 기를 수 있다고 했는데, '인간의 본성'은 양날의 칼과 같아서 자신의 이익에 따라서 배신도 하고 상황의 유불리에 따라 마음을 바꾸기도 한다. 우리는 이런 단번의 실수나 잘못된 판단으로 가지고 있는 소중한 물건과 사람을 모두 잃을 수 있다. 칼로 자신의 손을 베는 것처럼, '인간의 본성'을 부정적으로 본 결과이다.

다른 사람의 마음을 알기 위해서는 '인간의 본성'을 긍정적으로 바라보아야 한다. 우리가 다른 사람의 마음을 깔보거나 무시한다면 곁에 남을 사람은 없다. 아니, 스스로 자신을 싫어할 수도 있다. 다른 사람들이 싫어하는 모습을 나 또한 가지고 있을 때가 많으니 말이다.

"이봐, 해 봤어?"라는 말이 있다. 고 정주영 현대건설 회장이 한 말이다. 길이 없으면 길을 만들어 가라는 의미다. '단순하고 긍정적인 사고로 용기 있게 도전하라'는 메시지가 아닐까 싶다. 마찬가지로 '인간의 본성'을 긍정적으로 해석하면 더 많은 사람의 마음을 알 수 있다.

아파트와 같은 공동주택에서는 층간 소음 문제로 이웃 간의 다툼이 종종 일어난다. 서로 말다툼을 벌이기도 하고 심한 경우 폭행으로 이어지기도 하며, 심지어는 살인에 이르기도 한다.

내가 살던 인근의 한 아파트에 혼자 사시는 할머니가 계셨는데 바로 위층에는 어떤 할아버지가 홀로 사셨다. 그런데 할아버지가 거실을 오갈 때마다 쿵쿵거리는 소리가 들려 할머니 귀에 몹시 거슬렸다. 그러던 어느 날부터인가 할아버지의 걸음 소리가 들리지 않았다. 하루가 지나고 이틀이 지나도 할아버지의 걸음 소리는 전혀 들리지 않았다. 아무래도 이상하고 불길한 예감이 들어 할머니는 경비실에 전화를 걸었다.

"나는 903호 사는데 위층 1003호에 사는 할아버지의 발걸음 소리가 5일이 지나도록 들리지 않아 불길한 생각이 들어 전화했으니 한 번 가 봐 주세요."라고 부탁했다.

할머니의 전화를 받고 경비 아저씨는 곧바로 할아버지가 살고 있는 1003호로 달려갔다. 아무리 초인종을 눌러도 인기척이 없어서 밖에서 문을 열고 들어가는 조치를 취했다. 아파트 문을 열고 들어가 보니 할아버지는 죽음의 위기에 놓인 상태였다. 그러나 간발의 차이로 할아버지는 위기를 면할 수 있었다. 결국 아래층에 사는 할머니의 관심으로 죽음 직전의 할아버지가 극적으로 살아날 수 있었다.

위층에서 들려오는 쿵쿵거리는 소리는 할머니에겐 두 가지 의미가 있다. 하나는 층간 소음이 이웃 간의 갈등을 유발하는 요인이기도 하지만, 다른 하나는 이웃의 생명을 구한 관심의 소리이기도 했던 것이다. 층간 소음이라는 똑같은 상황에서 정반대의 결과가 나온 것이다. 층간 소음도 어떻게 해석하느냐에 따라 결과가 달라지는 것을 알 수 있다. 그래서 '인간의 본성'은 양날의 칼과 같은 것이다.

앞에서 언급한 이야기와 같은 맥락으로 우리가 함께한 이야기의 끝을 맺으려고 한다. 지금까지 '인간의 본성'에 대해 했던 말을 정리하면, '인간의 본성'은 누구를 질투할 수 있고, 배신할 수 있고, 변덕스러울 수 있고, 배은망덕할 수 있고, 속물근성일 수 있고, 이기적일 수 있고, 갑질할 수 있고, 허영심이 있을 수 있고, 밥그릇 싸움 할 수 있고, 비판할 수 있고, 인정받고 싶어 할 수 있고, 무례할 수 있고, 폭력성을 가지고 있다. 다만 정도의 차이가 있을 뿐이다.

이런 '인간의 본성'은 우리의 마음 깊은 곳에 깔아 놓은 철로와 같다. 유사한 상황에 놓였을 때 우리는 그 철로 위를 다시 달릴 수밖에 없는 운명이기 때문이다. 물론 여기서 언급되지 않은 '인간의 본성'도 있을 수 있다.

이 같은 '인간의 본성'은 크게 두 가지 의미로 사용될 수 있다. 하나는 나를 위로하고 변명하고 합리화하는 데 사용될 수 있다. 그러니 이기적인 내 모습 때문에 마음 아파하지 말고, 질투하는 내 모습 때문에 자신을 비하하지 말고, 배신했거나 변덕을 부렸다 해도 부끄러워하지 말고, 분노했다고 수치심을 느끼지 말고, 이중성의 얼굴을 가졌다고 낯설어하지 말고, 속물근성이 있다고 자신을 지나치게 혐오하지 말고, 자신의 허영심을 깔보지 말고, 자신의 갑질과 무례함과 폭력성의 모습에 절망하지 말고, 밥그릇 싸움 했다고 창피하게 생각 말고, 인정받고 싶어 하는 자신의 마음은 소중하게 생각해야 한다.

다른 또 하나는 이와 반대로 타인을 이해하고 소통하는 것에 사용할 수 있다. 타인의 이기적인 모습을 보고도 지나치고 마음 상하지 않고, 타인이 나를 질투해도 나의 친구임을 의심하지 않고, 타인의 배신으로 상처를 받았다면 내가 타인에게 상처를 주었는지 돌아보고, 누군가의 이중성을 보았다고 해도 겉과 속이 다르다고 함부로 판단하지 말고, 누군가의 말과 행동 속에 속물근성이 있어도 함부로 얕보지 말고, 누군가의 허영심을 멸시하지 않고, 인정받고 싶어 하는 사람의 마음을 세심히 살펴 작은 일도 인정해 주고, 심지어는 지나친 것이 아니면 상대의 무례함과 폭력성까지도 때로는 품어야 한다. 그들에게는 약점과 함께 그 이면에 다른 강점이 있기 때문이다. 아니, 나도 똑같기 때문이다. 물론 약점이 너무 강한 사람은 예외로 할 수도 있다. 구제불능인 사람 말이다.

개는 개의 모습으로, 고양이는 고양이의 모습으로, 쥐는 쥐의 모습으로 살아간다. 마찬가지로 사람은 사람의 모습으로 살아갈 뿐이다. 우리는 이런저런 상황을 만나 마음의 혼란을 겪게 되면 어쩔 수 없이 우리 안에 만들어진 '인간의 본성'이란 철로 위를 또다시 달릴 수밖에 없다. 물론 예외는 있겠지만, 세월이 지나도 사람들은 변하지 않을 것 같다. 주변 사람도 그렇고 나 또한 마찬가지다.

지금까지 언급한 '인간의 본성'이 나 자신과 타인을 이해하는 수단으로 사용되었으면 한다. 끝으로 어쩔 수 없이 마음 깊은 곳에 상처를 안고 살아가는 사람들은 이 책을 통해 위로를 받고, 여러 가지 일로 감정의 골이 깊어진 사람들은 조금이나마 관계가 회복되길 바란다.

여러분은 자신의 본성을 자신의 이익을 위해서 쓰는가,
타인을 이해하는 수단으로 쓰는가?

격한 외로움
덜 외로워진다

여러분은 외롭지 않은가.

요즈음 우리 사회에는 외로워하는 사람이 부쩍 많아졌다. 혼자 사는 사람이 많다는 것이다.

김정운 교수의 저서 『가끔은 격하게 외로워야 한다』에서는 "초고령화 시대에 누구나 겪게 되는 '외로움'의 문제를 창조적으로 극복하자."라고 말하고 있다. 혼자 등산이나 바다낚시 가는 것도 해외여행을 가는 것도 그 때문이다. 다들 외롭다. 그렇다고 잘못 산 것은 아니다. 이제 100세까지 살아야 하는 시대에서 외로움은 받아들여야 한다.

우리는 외롭지 않은 척하며 폭탄주를 돌리고, 산악회·동호회·동문회를 쫓아다니며 억지로 공통 관심사를 만드는 '고독 저

항' 사회에 살고 있다. 이게 다 외로움이 싫어서이다. 우리 사회는 여럿이 뭉쳐 '으샤으샤' 하며 성장했기에 혼자 있는 것을 두려워한다. 지금은 시대가 변했다. 일부러라도 혼자 있는 시간을 갖고 그 시간을 통해 자기의 정체성을 찾아야 한다. 혼자 있는 시간을 통해 자기 콘텐츠를 개발하고, 콘텐츠가 쌓이면 외로움에 대한 두려움으로부터 벗어날 수 있다.

성공한 사람들이 이 사람 저 사람 네트워크를 만드는 것도 외로움을 숨기기 위한 것이다. 대학마다 만드는 최고위 경영자 과정, 수많은 자기개발에서 반복되게 강조하는 다양한 조언(助言)도 사실 외로움을 회피하는 것일 뿐이다. 나아가 삶에 재미가 없고 화젯거리가 없다 보니 서로 공통의 소재를 찾아 건배사를 만들고 키득거리며 살아간다.

외로움을 받아들이지 못하는 사람은 분노하고 적(敵)을 만든다. 내 편이 있어야 덜 불안하니 어디에 소속되어 편을 만드는 것이다. 페이스북에서 '좋아요'를 마구 누르며 자신을 위로하는 것도 이런 것이다. 분노와 적개심으로 자기 존재를 확인하려는 태도를 극복하지 못하면 개인의 미래는 물론 한국 사회의 미래도 없다.

외로움을 받아들이면 사회적 소통(疏通)도 잘된다. 분노가 많은 사람일수록 자기 성찰이 부족하다. 진정한 소통을 하려면 먼저 나 자신과 대화를 할 수 있어야 한다.

고령화와 저성장이 함께 닥친 시대에 삶의 태도로 '외로움' 운운하는 것은 시간과 경제적 여유가 있어야 가능한 일이라고 생각하기도 하나 그렇지만은 않다. 재벌이 덜 외로운 것도 아니고, 돈이 없다고 외로운 것도 아니다. '외로움'은 인간의 본성이다.

　　돈은 뭘 하고 싶은지 분명치 않으면 재앙이 될 수 있고, 사회적 지위 역시 뭘 하고 싶은지 분명치 않으면 다른 사람을 굴복시키는 헛된 권력으로 휘두를 수 있다.

　　나 역시 공직생활에 적응하지 못하고 13년 만에 그만두었다. 사회에서는 항상 외톨이였다. 심리적으로 과부하가 걸려 주변 사람들에게 짜증만 낸 시간도 있다. 나 자신에게 문제가 있다고 생각도 했다.

　　지금은 외롭지 않다. 공직생활 퇴직 후 웅변학원에서 스피치를 공부했다. 사회복지, 상담학도 공부했다. 그 어느 때보다도 생산적인 시기를 보내고 있다. 외로움을 받아들이자. 노인보호전문기관 관장으로 있으면서 고령화 시대에 수반되는 고독사의 문제를 극복하는 방법도 확인했다. 사회복지 분야에서 어려움을 겪는 사람들에게 물질만 주는 것이 아니라 정신을 편하게 해 주는 상담 방법도 체득했다. 사회복지 현장에서 가장 중요한 요소는 상담이다.

　　공직을 준비하기 위해 3년 동안 차가운 한 평짜리 골방의 방바닥을 구르고 또 구르면서 외롭게 공부하던 것, 퇴직 후 나 자신과 외롭게 싸우며 공부한 것이 토대가 되어 지금 사회복지과 교수를 할 수 있었던 것이다. 나는 더 '격하게' 외로움을 참아낼 것이다. 나 자신의 행복과 정서적으로 힘들어하는 사람들에게 용기를 주는 상담을 위해서……

여러분은 외로움을 격하게 겪어 본 적이 있는가?

가정의 고통
밖에서도 고통이다

    가족 간의 소통은 모든 관계의 기본이라고 할 수 있다. 일반적으로 인간관계의 기본 방식을 배우는 곳이 가정에서부터 출발하기 때문이다.

    부모로부터 인정받지 못하는 자녀는 다른 사람으로부터 인정받기 어렵다. 같은 원리로 자녀로부터 인정받지 못하는 부모는 다른 사람으로부터 인정받기 어렵다.

    가정폭력 상담소에서 부모로부터 인정받지 못해 힘들어하는 아이들을 봤다. 노인보호 전문기관에서는 자식에게 학대받는 노인들도 봤다. 이들의 공통점은 자식은 부모에게, 부모는 자식에게 서로가 인정받지 못하고 있다. 모든 인간관계의 기본은 나와 함께 살아가는 사람들이라는 것을 새삼 느꼈다. 특히 가족과의 관계나 함께 뒹굴며 놀던 친구들과의 관계로부터 시작된다는 것을.

나는 초등학교 때 친구들과 싸움을 많이 했다. 내가 다른 또래 학생들에 비해서 키가 좀 컸었는데, 친구들이 나를 아버지라 부르며 놀려서 그랬었다.

싸움을 할 때는 서로에게 강력한 펀치를 날린다. 강력한 펀치는 팔뚝에 있는 근육에서 나오는 것이 아니라 주먹에서 나온다. 주먹은 처음보다 마지막에 더 힘을 강하게 휘두른다. 펀치의 힘과 펀치의 각도를 결정해 주는 것은 주먹이 아닌 발의 위치이다. 언뜻 생각하면 주먹과 발은 서로 거리가 멀리 떨어져 있어서 그다지 관계가 없을 것처럼 생각되지만, 실은 아주 밀접한 관계다. 디딤 발이 뿌리처럼 중요한 역할을 한다.

강력한 펀치의 뿌리가 발끝인 것처럼 모든 인간관계의 뿌리는 가족과 친구다. 지금 내가 직장 또는 사회생활에서 누군가와 관계에서 고통을 겪고 있다면, 그런 생각에 앞서 그 누군가에게 고통을 주었던 어떤 일이 있었을 것임을 짐작하고 살필 수 있어야 한다. 그 누군가는 분명히 그의 가족이나 친구와의 관계에서 고통을 당했을 것이고, 그 당한 고통이 덩달아 나와의 관계에서 내게 마음고생을 하게 만든 것이다.

가족을 이루는 것은 나로부터 시작된다. 내가 나를 사랑하지 않거나 보살피지 않는다면, 그 누구와의 관계에서도 상대에

게 고통을 줄 수 있다. 그렇다면 내가 나를 정성껏 보살피는 것
이 모든 인간관계의 기본이다.

> **여**러분은 가족에게 고통받아 본 적이 있는가,
> 남에게 고통받은 적이 있는가?

마음
햇빛만 아니라 그림자도 봐야 한다

나는 박사과정 1학기 차에 지도교수님으로부터 대학원 강의 제안을 받았다. 당황스러우면서도 매우 기분이 좋았다. 어쨌든 대학에서 강의를 해 본 적이 없던 나는 강단에 서는 것 자체가 정말 부담스러웠다. 대학 강단에 처음 서게 된 내가 잘할 수 있는 방법은 강의 연습밖에 없다고 생각했다. 일단 강의계획서를 작성하고 그 계획서에 맞추어서 원고를 작성하여 달달 외우는 것이 필요하다고 생각했다.

당시 나는 서초구 잠원동에 살았다. 조금만 나가면 아스팔트로 포장된 한강 변이 있어서 그 길을 따라 걸으면서 강의 연습을 할 수 있었다. 아무도 없는 조용한 한강 변에서 큰소리로 강의도 해 보고, 위치를 바꾸어 하늘을 보면서 강의도 해 보고, 심지어 사람들이 지나가는 것도 아랑곳하지 않고 강의연습을 한 적도 있다. 하루는 너무 많은 시간을 연습하다 보니 목에서 피가 나오기도 했다.

아무리 열심히 연습해도 내 동작은 어떠한지 목소리 톤은 적당한지 도무지 알 수가 없었다. 그래서 내 모습을 확인하기 위해 집 화장실의 거울 앞에서도 강의 연습을 했다. 거울을 보며 강단에 선 내 모습을 상상하니 참으로 좋았다. 같은 강의 내용을 가지고 스무 번이고 백 번이고 몇 시간이 넘도록 반복해서 강의 연습을 했다. 심지어는 연습에 빠져서 한 번에 5시간까지 강의 연습을 한 적도 있다. 이제 어느 정도 강의 연습이 된 것으로 생각하였다.

그토록 오랜 시간 동안 혼자 강의 연습을 했는데 시간이 지날수록 누군가 내 모습을 봐 주었으면 하는 생각이 들었다. 그래서 이제는 가족 앞에서 강의 연습을 하고 싶었다. 사실 강의는 어느 강의보다도 가족 앞에서 하는 강의가 제일 어렵다고 한다. 여기서만 통과할 수 있다면 어떤 장소에서도 강의를 잘할 수 있을 것 같았다. 용기를 내서 어떤 원고도 없이 가족 앞에서 실제 강의라고 생각하고 강의를 했다. 가족들은 정말 잘했다고 손뼉을 쳐줬다. 비로소 마음이 좀 놓였다.

3개월이란 긴 연습 기간 끝에 평생 처음 해 보는 대학원 강의가 시작되는 날이다. 설레기도 하고 두렵기도 했다. 수업 시작 전에 아무도 없는 화장실에서 심호흡을 몇 번 하여 마음을 안정시키고 학생들 앞에 섰다. 담담한 표정을 지으면서 먼저 학생들의 출석부터 확인했다. 첫 강의라서 그런지 학생들이 전원 출석했다.

수업이 시작되었다. 지도 교수님을 통해서 학생들의 연령, 성향, 지식 수준 등의 정보를 미리 파악해 두었다. 미리 파악한 정보를 바탕으로 강의를 시작한 나는 중앙에 있는 학생들부터 시작해서 왼쪽 가장자리에 있는 학생들을 둘러보다가 점차로 오른쪽으로 눈을 돌리면서 강의를 했다. 강의 연습 때보다 오히려 더 편안하고 여유가 있었다. 학생들과 질문을 주고받는 소통까지도 했다. 시간이 지나 긴장이 사라지고 강의가 편안해지니 중간중간 여유 있는 농담과 내가 직접 겪었던 재미있는 에피소드도 이야기할 수 있었다. 학생들은 즐거운 표정을 지었다.

강의를 마치고 학생들에게 고백했다. 사실 대학 강의는 내 인생에서 오늘이 처음이라 너무 떨렸다고 했더니 학생들은 믿기지 않는다는 반응들이었다. 전혀 떨거나 어색하지 않았다고 했다. 그러면서 어떻게 처음 강의를 하는데 원고도 없이 2시간 30분을 강의할 수 있느냐고 반문도 했다. 눈물이 날 뻔했다. 아마도 이렇게 오랜 시간을 원고 없이 강의할 수 있었던 것은 평소에 내가 청중 앞에 서는 것을 좋아했고, 과거 전국 남녀 웅변대회에 나가 수상한 경력도 도움이 되었던 것 같다. 물론 많은 연습을 했다. 스피치 학원에서 대기업 강의를 다니자고 제안을 받은 적도 있다. 마침 대학원 박사과정을 공부 중이라서 거절을 했지만 아쉬움이나 후회는 없다. 지금 대학에서 선생을 하고 있으니 말이다.

강의를 마치자마자 강의를 허락해 준 지도교수님이 바로 강의실로 들어오셨다. 지도교수님은 나를 보면서 안도의 한숨을 쉬는 모습이 역력했다. 그러면서 "강의 잘했어."라는 한마디를 해 주셨다.

후에 들은 이야기인데 내가 강의를 하는 것 때문에 지도교수와 대학원장 사이에 약간의 갈등이 있었다고 한다. 대학도 아닌 대학원에서 강의하는데 대학 강의 경력이 전혀 없는 박사과정 1학기 학생에게 강의를 하게 하는 것은 누가 봐도 무리라고 생각했기 때문이었을 것이다.

당시를 회상하면 봄에 아름답게 피어나는 벚꽃이 생각난다. 우리가 보기에는 하나의 벚꽃 같지만, 그 꽃은 수천, 수만, 수십만의 꽃잎이 어우러져서 하나의 꽃 덩어리를 형성하고 있다.

사람의 마음은 또 얼마나 복잡한가. 복잡한 사람의 마음을 제대로 읽기 위해서는 상대가 가진 다양한 정보를 가능한 한 많이 파악하는 것이 좋다. 상대의 강점과 약점, 좋아하는 것과 싫어하는 것, 잘하는 것과 못 하는 것, 분석적인지 대충하는지, 소심한지 대범한지, 일 중심인지 여가 중심인지 등에 대한 정보들이다. 물론 나에 대한 다양한 정보도 객관적으로 파악하여야 한다. 그런데 인간은 지극히 이기적이기 때문에 자신의 약점도 강점으로 착각하는 경우가 있다. 그래서 내가 누구인지를 객관적으로 파악하려는 노력이 필요한 것이다. 상대도 파악하고 나도 파악하면 서로가 진정한 소통을 할 수 있다.

내가 대학원 강의에서 첫 주 강의를 무난히 마칠 수 있었던 것은 강의 연습을 많이 한 것도 있지만 이보다 더 중요한 것은 학생들에 대한 정보를 미리 파악했기 때문에 소통하면서 강의를 한 결과라고 생각한다. 상대와 소통을 잘하여 성공하거나 빛나고 싶다면 상대의 가장 어둡고 힘든 마음까지도 알 수 있어야 한다.

> **여**러분은 상대의 햇볕만 보는가,
> 그림자도 보는가?

인간
천사와 악마의 양면성이 있다

나는 일요일 SBS에서 하는 'K팝스타'를 즐겨 본다. 심사위원들의 평가에서 냉철함과 인간미가 돋보이는 프로그램이다. 심사위원들은 참가자들의 노래 실력보다는 가능성에 초점을 두고 평가한다. 심사위원들이 "노래도 못 불러, 춤도 못 춰, 대체 나더러 무슨 말을 하라는 겁니까?"라고 혹평을 할 때 이상하게 나쁘지 않은 기분이 들 때가 있다.

한국에서 인기를 누리는 이 프로그램의 원조에 해당하는 미국 오디션 프로그램이 '아메리칸 아이돌'이다. 2002년 시작한 이후 켈리 클락슨 같은 팝스타를 배출했다. 특히 촌철살인의 평가와 독설로 악명 떨쳤던 심사위원은 미국 음반 제작자인 사이먼 코웰이었다. 그는 걸핏하면 참가자들의 노래를 중간에 끊고 싸늘한 혹평을 퍼붓기도 했다.

미국 켄터키대학 심리학 교수인 리처드 스미스는 악당 역할을 하는 심사위원들도 프로그램의 인기를 유지하기 위해 불가피한 '필요악'이라고 말했다. 그는 또 "귀가 정화되는 감동적인 음악과 실력이 떨어지는 참가자들의 굴욕적인 모습이 균형을 이루지 않으면 프로그램의 독특한 묘미가 줄어든다."라고 하였다. 참가자들이 망신을 당하는 모습을 지켜보면서 시청자들은 통쾌함을 느낀다. 그렇다면 한국의 오디션 프로그램에서 일부 참가자들에게 모멸감을 주었던 것도 심사위원들의 실수라기보다는 의도적인 선택으로 해석할 수 있다. '남의 불행이 나의 행복'이라는 속담이 서양에서만 있는 줄 알았더니 '사촌이 땅 사면 배 아프다'는 건 우리나라 사람도 마찬가지이다. 다른 사람의 불행에서 느끼는 기쁨을 '쌤통'이라고도 한다. 이 '쌤통'의 심리를 통해 우리의 내면을 들여다볼 수도 있다.

　　우리는 자신보다 못한 처지에 있는 타인과 '하향(下向) 비교'할 때 우월감을 느끼며 엔도르핀이 마구 분비되는 '못된 존재'이다. 이런 경우는 스포츠에서 쉽게 볼 수 있다.

　　듀크대와 켄터키대는 미국 대학 농구의 전통적인 라이벌이다. 듀크대의 농구 선수가 음주운전으로 체포되면서 켄터키대 교직원들은 쾌재를 불렀다. 심지어는 상대 선수의 부상을 기뻐하기도 한다. 특히 단체 경기일 경우, 집단의 이익을 위한 분명한 명분이 있기에 경쟁 본능은 더 증폭된다. 스포츠의 경쟁 본능은 애교에 속한다.

　히틀러는 유대인에 대한 질투가 강했다. 당시 오스트리아 빈에서 유대인의 인구 비율은 9%에 불과했지만, 의사·변호사 등 전문직에서는 무려 50% 이상을 차지했다. 히틀러는 내심 유대인을 동경하면서도 질투를 한 것이다. 병적인 질투는 증오로 이어졌고, 증오가 결국 대학살의 비극을 낳았다. 인간의 본성을 두고 '성악설'과 '성선설'의 고전적인 논쟁이 있는데, 히틀러의 대학살은 성악설을 현대적으로 변형하여 해석한 것으로 볼 수 있다. '쌤통 심리학'이 있다면, '긍정 심리학'이 존재하는 것과 같은 것이다. 그렇다면 '쌤통 심리학'에 집중하는 이유는 우리 인간들이 남의 고통에 공감하는 능력이 부족하기 때문은 아닐까.

　어차피 인간에게는 천사와 악마의 양면성이 존재하게 마련이다. 그렇다면 이 책을 통해서 우리 자신의 내면을 더 깊숙하게 파고 들어가기 위한 '지적 탐사 작업'을 하였으면 한다.

> *여*러분은 자신의 내면에 존재하는
> 천사와 악마의 양면성을 알고 있는가?

기적
느릴 때 일어난다

　한자를 잘 모르면서 검찰 사무직 시험공부를 한다는 것은 한심하기 짝이 없는 일이다. 응시 첫해에 시험에 낙방을 하니 여러 가지로 불안해지면서 문득 한자를 잘해야겠다는 생각이 들었다. 1970년대는 중·고등학교에서 한자를 거의 배우지 않았기에 내 한자 실력은 거의 바닥이었다. 그런 내가 어느 날 갑자기, 누가 뭐라고 한 것도 아닌데 한자를 더 잘해야겠다는 생각이 들었다.

　매일 하루에 1시간씩 한자를 외우고 일간지에 나오는 사설을 읽어 나가기로 했다. 참 신통한 것은 다른 일에는 그렇게 소극적이던 내가 약 1년 동안 매일 신문 사설을 읽었다는 것이다. 당시 한자 실력이 무척 늘었다.

그 후로 나는 한자 실력 덕을 많이 봤다. 당시 검찰 사무직 시험 경쟁률은 50대 1쯤 되었는데, 대학에서 법 과목 수업을 한 번 듣지 못했던 내가 법학과 졸업생들 틈에서 상위권 성적으로 시험에 붙었다. 문제 지문에는 한자가 많이 나오는데 한자를 공부한 덕을 많이 보았다.

당시는 공무원보다 회사를 선호하는 경향이 있었기에 공무원 시험 경쟁률이 그다지 높지 않은 편이었다. 그런데 검찰 사무직 공무원은 법률을 다루는 분야라서 다른 일반직 공무원에 비해 경쟁률이 상당히 높았다. 그러다 보니 당연히 법대 졸업생들도 응시를 많이 했고 합격이 쉽지 않았다. 그런 상황 속에서 고등학교를 졸업하고 시험에 합격한 것은 어찌 보면 행운이었다.

지금 대학에서 사회복지법제를 주로 강의하고 있는데, 참으로 한자는 여러 번 효자 노릇을 했다. 1989년 하루 1시간씩의 1년 투자가 이후 꽤 오랜 기간 나를 먹여 살렸다.

그때부터 나는 '1-1 원칙'이라는 것을 갖게 되었다. 내용은 이렇다. '하루에 1시간씩 1년을 투자하면 무엇이든 상당히 잘할 수 있다'는 것이다. 물론 프로급의 수준에 이르기는 많이 부족하지만, 어느 정도 목표는 이루게 해 준다. 갑자기 건강이 나빠졌을 때, 나는 이 원칙으로 운동을 해서 식사 조절 없이 위장병을 치료하는 데도 성공했다. 그렇다고 모든 일에 항상 성공하는 것은 아니다. 어떤 일이든 간에 일주일에 한 번 7시간을 몰아서 하는 것은 아주 쉬워도, 매일 1시간씩 꾸준히 한다는 것은 어렵다. 나도 어떤 목표를 결심하고 진행하다가 중도에 그만둔 경험이 훨씬 많다.

우리는 누구나 작은 욕구를 갖고 살아간다. 골프를 잘 쳤으면, 농구를 잘했으면, 중국어를 잘했으면, 운동을 꾸준히 했으면……. 내 경험으로는 막연히 생각으로만 머물렀던 욕구도 '1-1 원칙'만 적용할 수 있다면 그 성취 결과는 상상을 초월한다는 것을 알 수 있었다.

토론토 대학의 역사학자인 말콤 글래드웰은 '1만 시간의 법칙'을 주장했다. 빌 게이츠 같은 비범한 인재, 즉 아웃라이어 (outlier)의 성취는 1만 시간의 연습을 통해 이루어진다고 했다. 심지어는 타고난 천재로 알고 있는 모차르트도 1만 시간의 꾸준한 연습으로 재능이 제대로 발휘되었다고 했다.

1만 시간은 하루에 3시간씩, 일주일에 20시간씩 10년간 모아야 가질 수 있는 시간이다. 누구나 실천하기 어려운 연습량이다. 그뿐인가. 비범한 재능도 겸비해야 가능하다고 한다. 물론 1만 시간을 투자해 박지성 선수처럼 된다면 더할 나위 없지만, 모든 사람이 박지성 선수나 모차르트와 같을 수는 없는 일이다. 그렇다면 소박한 우리의 일상에서 나름의 성취감을 느끼면서 살기에 '1-1 원칙'은 '최소한'이 되어야 하지 않을까.

연습하는 사람은 누구한테도 지지 않는다. 연습은 미래의 달콤함을 위해 현재의 고통을 기꺼이 참는 것이다. 그 참음은 1만 시간처럼 많은 양이 아니더라도 우리를 행복하게 해 줄 것이다. 그래서 기적은 느리게 일어난다.

"여러분도 목표 달성을 위해 꾸준히 연습하고 있는가?"

감사
한마디가 행복하게 한다

어려서는 한 해가 빨리 가기를 기다린다. 성장하는 모습을 보는 게 아름답기 때문이다. 그러나 나이가 들면서는 한 해가 멈추어 있었으면 하는 마음으로 바뀐다. 늘어가는 주름살을 보는 것은 슬픈 일이기에. 나의 생각과는 무관하게 한 해는 흘러간다.

사람들이 한 해를 마무리하고 새해 달력을 넘기기 전에 가장 많이 가지는 감정은 무엇일까. 바로 감사하는 마음일 것이다. 한 해 동안 부족한 나의 곁에서 기쁜 일, 슬픈 일을 함께 나누고 도와주었던 고마운 사람들이 누구나 있으니까. 사람들은 연하장, 소셜 네트워킹 서비스(SNS), 문자메시지 등을 통해 한 해 동안 고마웠던 사람들과 감사 인사를 나눈다.

감사는 '느낄 감(感)'과 '사례할 사(謝)'의 합성어이다. '느낄 감

(感)'은 고마움을 느끼는 정서적 상태를 뜻한다. 우리는 감사하는 마음을 다른 사람이 나에게 호의를 베풀어 줄 때 강하게 느낀다. '사례할 사(謝)'는 '말씀 언(言)'과 '쏠 사(射)'가 합쳐진 말이다. 화살을 쏠 때 누구나 신중하게 주의를 기울이는 것처럼 감사하는 마음도 마찬가지로 진중하게 표현해야 한다. 감사 인사를 할 때 우리는 단정한 자세로 정성을 담아서 인사를 한다. 감사는 고맙다는 감정의 마음을 넘어 행동으로 표현하는 것이다. 같은 일에 대하여 어떤 사람은 고마움을 느껴서 확실하게 표현하여 좋은 평판을 받기도 하고, 어떤 사람은 고마운 일인지도 알아차리지 못해 배은망덕하다는 평판을 받기도 한다.

서울백병원 정신건강의학과 우종민 교수는 감사 성향이 높은 사람은 몇 가지 특징이 있다고 하였다.

우선 같은 일에 대해 더 강하게 감사하는 마음을 느낀다. 가족·직업·건강·삶 자체 등 여러 방면에서 말이다. 사소한 일에도 감사하게 생각한다. 하루에도 몇 번씩 자주 감사하는 마음을 표현한다. 자신에게 좋은 일이 일어나면 자신이 잘나서 성공했다기보다는 다른 사람의 덕분이라고 감사하게 생각한다. 특히 감사 성향이 높은 사람의 큰 강점은 트라우마가 될 수 있는 힘든 일이나 스트레스가 있어도 오히려 그 경험을 성장의 기회로 활용한다는 것이다. 이런 사람들은 우울이나 불안, 고독감 같은 심리적 문제를 적게 경험하게 되어 삶에 대한 만족도도 높고 마음이 편안해 즐거운 날이 괴로운 날보다 더 많다고 한다.

그렇다면 평소에 감사하는 마음을 자주 가지려면 어떻게 해야 할까. 미국의 심리학자인 로버트 에먼스(Robort Emmons) 교수와 마틴 셀리그먼(Martin Seligman) 교수는 감사 일기를 쓰면 만족스러운 삶을 사는 데 도움이 된다고 하였다. 감사 일기는 이런 것이다. 눈을 치워 주신 분들에게 감사하다, 지우개를 빌려 준 짝꿍에게 감사하다, 우리를 가르쳐 준 선생님에게 감사하다 등. 감사 일기를 쓰는 것이 생활화되면 마음 건강도 좋아지고 대인 관계도 탄탄해진다.

감사하는 마음이 뇌에 미치는 영향은 이렇다. 긍정적인 기억을 자주 반복하게 되면, 그 일에 대한 기억은 강하게 각인된다. 마찬가지로 감사하는 마음을 자주 가지면 감사를 느끼는 뇌가 활성화되고 강해진다. 나중에 감사할 일이 발생할 때 이전에 비해 더 짧은 시간 내에 감사를 느낄 수 있다. 더 자주, 더 빨리, 더 강하게 긍정적인 감정을 느끼게 되니 더 행복한 사람이 되는 것이다.

감사하는 마음은 우리를 건강하게 해 주고 오래 살게 해 준다. 이는 켄터키 대학 병원의 데이비드 스노든(David Snowdon) 박사의 '수녀(修女) 연구'에 잘 나타나 있다.

스노든 박사는 미국에 있는 7개 수녀원 수녀들의 생활 습관이나 태도를 수십 년간 관찰했고, 사망 후에는 부검을 통해 뇌세

포의 상태를 살펴보았다. 그 결과 감사하는 마음으로 삶의 자세를 가졌던 수녀들은 불평을 많이 하던 수녀들보다 뇌세포가 덜 파괴되었다는 것을 발견하였다. 특히 '감사하다'는 말을 가장 많이 사용한 수녀는 다른 수녀들보다 최장 7년까지 더 살았다고 한다.

여러분은 오래 살고 싶은가. 지금 당장 수첩을 꺼내 하루 동안 감사한 일들을 적어 보자. 감사했던 사람을 소중한 마음으로 생각해 보자. 미운 사람보다 감사한 사람을 더 자주 생각하고 연락해 보자. 이것이 어렵다면, 잠들기 전에 그날 감사했던 일과 사람을 떠올리고 잠들어 보자. 스트레스 수치가 낮아지고 두뇌 활동이 편안해져 잘 잘 수 있으므로 다음 날 아침이면 몸이 개운하고 피곤함도 없을 것이다. 주변 사람들과 정서적 유대가 돈독해지고, 나에 대한 자부심도 강해질 것이다. 감사도 습관이다. 지금부터라도 감사의 마음을 적극적으로 표현하는 반복 연습을 해 보자. 자신의 행복을 위하여.

여러분은 일상에서 감사한 마음을 잘 표현하고 있는가?

마음
어두운 곳에서 더 빛난다

여러분은 연극을 좋아하는가? 나는 연극을 보기 위해 종종 대학로에 간다. 배우들의 익살스러운 모습을 보고나면 가슴이 후련하다.

몇 년 전에 제자를 만나기 위해 대학로에 있는 극단에 간 적이 있다. 제자는 동료 배우들과 테이블에 둘러앉아 마치 무대에 있는 것처럼 실감 나게 대사를 주고받는 연습을 하고 있었다. 나는 텅 빈 객석 뒷자리에 앉아 제자의 연습이 끝날 때까지 지켜보았다.

중견 배우로 보이는 한 남자가 무대 위에 서 있었다. 그는 홀로 서서 계단을 오르고 내리는 동작만 반복했다. 몸의 위치를 바꾸고, 고개를 갸웃거리며, 그는 많은 고민을 하면서 연습을 하는 것 같았다. 연극에 문외한인 내가 보기에도 그다지 많은 연습이 필요하지 않은 동작으로 보였다. 그는 왜 동료들과 같이 대사연습을 하지 않고 무대 위에 홀로 서서 연습을 하고 있을까 궁금했다. 그는 동료 배우들이 대사 연습을 모두 마칠 때까지 쉬지 않고 계단을 올라갔다 내려갔다 하는 동작을 반복했다.

대사 연습을 마친 제자와 이런저런 이야기를 나누면서 무대위에 홀로 서 있는 배우에 대한 궁금증을 풀 수 있었다. 그는 연극 무대에서 청춘을 보낸 중견 배우로 나름대로 전성기를 누렸던 배우였다. 근데 이번 연극 무대에서는 젊은 후배들이 주연을 맡고 그는 대사 한마디 없이 계단을 오르고 내리기만 할 뿐이었다. 그에게 주어진 대사는 한마디도 없었기 때문에 주연과 조연을 맡은 후배들이 대사 연습을 하고 있을 때 묵묵히 자신의 연기에 몰두했던 것이다.

계단을 오르고 내리는 간단한 동작을 연기하기 위해 그는 몇십 번이고, 몇백 번이고 한 시간 반이 넘도록 땀을 뻘뻘 흘리며 같은 동작을 되풀이한 것이다. 어떻게 하면 힘차게 계단을 오르고 내릴 것인가 진지하게 고민하며 그는 혼신의 힘을 기울였던 것이다.

젊은 후배들은 그를 연민의 눈빛으로 바라보기도 하고, 존경의 눈빛으로 바라보기도 하고, 눈물을 글썽이며 바라보기도 했다. 생각하기에 따라 중견 배우의 역할이 민망하고 창피할 수도있다. 대사 한마디 없는 배역은 중요치 않다고 생각할 수도 있다.

나 같으면 자존심 상해서 그 연극을 포기했을 것 같다. 나와 같은 생각을 하는 사람들도 많이 있을 것이다.

여러분이라면 어떻게 하겠는가.

비록 대사 한마디 없지만, 계단을 오르고 내리는 연기야말로 무대를 오랫동안 경험한 배우만이 제대로 할 수 있는 연기라고 그는 생각했는지도 모른다. 어쩌면 계단을 오르고 내리는 것만으로도 멋진 연기를 보일 수 있다는 확신은 중견 배우만의 경험을 통한 값진 깨달음일 수 있다. 연극을 진실로 사랑했던 사람만이 가질 수 있는 열정……. 고난과 치욕 그리고 열등감이 없었다면 그 무엇으로 인간이 진실을 밝힐 수 있겠는가.

한참 지난 뒤 제자의 공연을 보러 갔다. 계단을 오르고 내리는 연습을 하던 중견 배우가 무대 위로 나왔다. 그는 처음에 관객을 향해 익살스럽게 웃고 나서 숨을 크게 쉰 다음에 관객을 향해 다시 한 번 익살스럽게 웃고 춤을 추듯 빙그레 돌며 계단에 발을 올려놓았다. 그가 공중을 날 듯 다리를 뻗치며 계단을 순식간에 오르고 내리는 모습이 예사롭지 않았다. 관객들은 '와!' 하고 탄성을 질렀다. 그는 관객을 향해 다시 한 번 익살스럽게 웃고는 무대 뒤로 사라졌다.

누구나 할 수 있을 것 같은 비중 없는 배역으로 관객의 탄성을 이끌어 냈던 중견 배우의 모습을 통해 나는 많은 것을 생각하게 되었다. 진정으로 삶의 의미를 빛나게 하고 싶다면 가장 어두운 곳으로 가야 한다는 것을 깨달을 수 있었다.

여러분은 어두운 곳에서 생활한 적이 있는가?

에필로그

지금까지의 긴 여정을 마무리하고자 한다.

이런저런 많은 이야기를 했지만, 독자의 관점에 따라서 받아들이는 데에 차이가 있을 수 있다. 내 생각에 모든 사람이 공감을 해 줄 것이라고는 생각하지 않는다.

모쪼록 '사람의 마음을 아는 것'에 대해 더 많이 통찰할 수 있는 계기가 되었으면 한다. 사람은 끊임없이 배워야 한다.

여러분들의 눈빛이 공감이든 질책이든 그 눈빛들 하나하나 내 마음속 깊이 품고 살아가겠다. 나를 성장시키고 발전하게 하는 원동력이 되어 줄 것이다.

긴 시간 동안 많이 부족한 책을 끝까지 읽어 주신 독자 여러분에게 다시 한 번 진심으로 감사드린다.